和食店の
鮮魚つまみ

刺身の工夫と魚介料理のアイデア150

和食店の鮮魚つまみ

目次

人気店の鮮魚つまみと素材使いのアイデア

鮮魚つまみのバラエティ

刺身、造り、和え物 ほか

三

焼き物、揚げ物 ほか

○本書について

・分量表記のないものはすべて適量です。

・店ごとに仕込みの手順、作業の名称などが異なる場合があります。それぞれの店における作業の流れや名称を優先しています。

・大さじ1は15ml（mL）、小さじ1は5mlです。1升は1800ml、1合は180mlです。

・「酒」は日本酒（清酒）です。「油」「揚げ油」はとくに表記のないもの以外はサラダ油です。「E.V.オリーブ油」はエキストラバージンオリーブオイルのことです。

・本書掲載の情報は2022年9月末時点のものです。

撮影　天方晴子
デザイン　岡本洋平（岡本デザイン室）
編集　池本恵子（柴田書店）

人気店の鮮魚つまみと
素材使いのアイデア

namida（下北沢）

酒井商会（渋谷）

創和堂（恵比寿）

の弥七（荒木町）

オ山ノ活惣レ（代官山）

まめたん（根津）

namida 東京・下北沢

店名から仕込み、料理に至るまで
実験的な試みと遊び心をしのばせた
新世代割烹の雄

駅前の喧騒から離れた住宅街の一
角、マンションの路地を入った先
にある、真っ白な日よけ暖簾と小さ
な行燈が目印だ。

〈なみだ〉
東京都世田谷区北沢2-28-7
エルフェアシティⅡ 1F
03-6804-7902
18:00 〜 24:00
不定休

度聞いたら忘れられない店名だ。由来の一つ
は、千利休の遺作と伝わる茶杓「泪」から。
このローマ字表記の店名と、路地裏のロケー
ション、実験用白衣のような丈長のユニフォーム…それ
ぞれがこの店の型破りなスタイルと個性を象徴する。

namidaは日本酒とワインを主役に、「お酒に寄り添う」
料理を提供。正統派の日本料理を礎に、食材の組み合わ
せや、火入れ、味の構成などの現代的な解釈を加えて、
食通たちの心をつかんでいる。

味づくりの特徴の一つが、「酸」の使い方。酸味を強く
効かせるのではなく、酸のバリエーションで軽やかさを
出しつつ、うまみを重ねるという発想だ。たとえば、ヒ
ラメの昆布締め（p.52）は土佐酢と黄味酢の2種類を添
えるが、黄味酢は旬のフキノトウを加えて皿に流してお
き、土佐酢は軽くジュレにして魚の上からかける。はじ
めはさっぱりとした土佐酢でヒラメを味わい、途中から
ほろ苦くてコクのある黄味酢で「味変」させるという仕
掛け。もちろんこの2つを混ぜてもおいしい。

「"酸味のあるたれ"で酸のグラデーションをつけると、
味の表現が広がり、次の料理へスムースにつなぐことが
できます。これは単品ではできない、コースならではの楽
しみ方。酸味でお酒も進みます」と店主の田嶋善文さん。

もう一つのこの店ならではの試みが、魚介の仕入れ先
で、小田原の定置網漁で獲れたものをメインに据える。
これは水産資源を守りながら、飲食店を長く続けるため
の選択で、先のたれの工夫は、近海魚に付加価値をとい
う意図もある。こうした手間をかけて、コースはおまか
せの5,500円〜という破格の安さ。この価格を維持する
ために、仕込みの効率化やそのための手法の開発などに
も余念がない。さまざまな意欲的な取り組みに目が離せ
ない、そんな勢いのある店だ。

店主
田嶋 善文さん
1978年熊本県天草生まれ。バー
テンダーとして飲食業界に入り、
人気の創作料理店で働いたこと
をきっかけに調理の道へ。銀座
の日本料理店で料理長を務めた
のち食材探しと郷土料理を学ぶ
ため九州各地を巡ったり、最新
のレストラン事情を知るためオー
ストラリアへ渡るなど見聞を
広める。その後、イタリアンの
シェフとして4年間働いたあと、
独立するための物件を探しなが
らソムリエの経験を積む。2014
年東京・下北沢に「namida」を
オープン。

日本酒とワインをバランスよく

ソムリエの経験もある田嶋さんがそろえる日本
酒は、クラシックからモダンまで幅広い。軽め
でも落ち着いた味わいのものや、どっしりと骨
太なタイプなどを、季節や料理に合わせて冷
酒からお燗まで最適な温度で提供する。ワイン
はジュラやアルザスなど冷涼産地が中心で、
酸がきれいでエキスが濃いめのもの。「自然派
ワイン界隈で"うすうまい"と評される赤と、ミ
ネラル感があり後からじわじわと味が開いてく
る白」（田嶋さん）をすすめてくれる。

魚や肉、野菜の
下処理に最適な
50℃洗いと低温蒸し

namidaの料理を語るうえで欠かせないのが、「50℃洗いと低温蒸し」。身質が繊細な一部の魚を除いて、ほとんどの食材はこの下処理を基本とする。一時期ブームになった50℃洗いは、おもに酸化した汚れを落とす目的と、ヒートショックにより食材表面にある細胞の再活性化を狙ったもの。給湯器の湯温を50℃に設定するだけなので導入しやすい（やけどに注意）。もう一方の低温蒸しは、タンパク質が60℃前後で凝固する性質を利用して、食材からどのようなうまみや食感を引き出すかを逆算して温度管理するという考え方。こちらはコンベクションオーブンのスチームモードや通常の蒸し器でもできるが、1℃単位の温度設定が可能な専用の電気スチーマーも市販されている。下のタコは、火入れによるうまみと、半生の食感を両立させた例。加熱しすぎるとうまみを逃しやすい、アワビやタコなどはとくにこの低温蒸しによる絶妙な食感と、うまみ保持の効果が大きい。

真蛸 58℃蒸し
もやし醤油と
青唐辛子オイル

（料理解説p.60）

58℃の低温で蒸したタコは、中心は半生の食感を保ちつつ、火入れによるうまみと歯切れの良さが出る。シンプルな構造の平山式低温スチーム鍋は、1℃単位で温度設定が可能。

葉物は低温蒸しで
甘みが増す

葉物類も基本的に50℃で洗い、必要に応じて低温蒸しを行なう。ホウレン草は50℃の湯で洗い、次に70℃で20分間蒸して冷水で締める。50℃洗いは汚れを取り除くだけでなく、ヒートショックで葉がシャキッと蘇る。低温蒸しは、ゆでるのに比べて素材の持ち味が引き立ち、おもしろい食感が生まれる。

酸の効かせ方、
組み合わせで
個性を打ち出す

「自分はイタリアンの経験がある分、酸の許容度は高いと思いますね」と店主の田嶋さんがいうように、namidaでは「酸味」のバリエーションを広くそろえ、それが味づくりの要となっている。ベースは穀物酢や果実酢など、香りがニュートラルな一般的な酢で、一部、甘みと酸味を足す場合は、かんきつ果汁やフルーツそのものを使うこともある。味わいは、ポン酢のように酸味を立たせたものから、黄味酢のようにコクのあるタイプ、うまみと酸味をもたせた土佐酢などがあり、それらに季節のフレーバーや、うまみや香りの素材を合わせて味の幅を広げている。左下はヒラメの昆布締めに、土佐酢と黄味酢の2つの合わせ酢を添えたもの。味が混ざらないように2つとも濃度をつけてあり、それぞれ単体でも、合わせても楽しめるようにした。右下はリンゴ酢に生の紅玉をすりおろして加えたおろし和え。同じリンゴ由来という共通項を持つ酢とフレッシュな果実を合わせ、アカガイにさわやかな酸味と香りを添えている。

平目 昆布締め 土佐酢
蕗の薹黄身酢
（料理解説p.52）

赤貝 林檎おろし
実山椒オイル
（料理解説p.73）

料理の一つとしてとらえる「酸味のあるたれ」

namidaでは、「酸味のあるたれ」を料理の一つととらえて、
味わいの完成度を高めている。
単に酸を効かせたり強弱をつけるだけでなく、
うまみや香りの要素を加えて、料理に彩りを添える。

酸味のあるたれの組み立て

酸味の種類

・穀物酢
・果実酢
・フルーツの酸
・その他（梅やトマト）　など

最初にベースとなる酸の種類を決める。一般的な穀物酢や果実酢のほか、かんきつ果汁、季節のフルーツやトマトなどの酸味も比較的使いやすい。また、アクセントとして黒酢やバルサミコ酢、果実酒由来のヴィネガーなどで複雑なニュアンスをつけることもある。

フレーバー

・季節の素材
・薬味、ハーブ類
・うまみの素材　など

ベースとなる酸の種類を決めたら、次はフレーバーを考える。基本配合の合わせ酢や、たれのままでもよいが、そこに旬の素材や香りの要素を足すと、メイン食材の下支えや季節感の演出ができる。黄味酢にフキノトウ、土佐酢に青海苔を合わせると、香りや味わいがより複雑になる。

テクスチャー

・ジュレ、とろみ
・寒天寄せ
・泡状　など

最後に液体をどのような形状に仕上げるか、テクスチャーを決める。ジュレでゆるくかためる、葛でとろみをつける、寒天で固めて「食べるたれ／ソース」にする、あるいは泡状など。液体のままでなく、ある程度のかたさや濃度をつけておくと、複数のたれを添えたときに混ざらないので、味が濁らない。

黄身酢の展開例

黄身酢

卵黄由来のとろみがあるので、わざわざ固める手間がない。バリエーションをつくるときは、基本の黄味酢に下処理した素材を加えていく。季節の食材やハーブ類で香りをつけたり、マンゴーなどのフルーツを合わせたり、蒸しウニなどのコクのある素材もよく合う。

卵黄　6個分
酢　90ml
みりん　10ml
グラニュー糖　20g
塩　少量
卵黄を溶き、ほかの材料を加えてよく混ぜる。湯せんにかけ少しかたくなったら火からおろす。冷やしておく。

蕗の薹黄身酢

フキノトウをゆでて水でよくさらし、水けをきる。フードプロセッサーでペースト状にして、黄味酢と混ぜる。(p.55)

マンゴー黄身酢

マンゴーの果肉をフードプロセッサーにかけてピュレ状にし、黄味酢と混ぜる。(p.70)

雲丹黄身酢

蒸しウニをフードプロセッサーにかけてペースト状にし、黄味酢と混ぜる。ウニの量は好みの味になるまで。

常備しておくと便利なたれ、オイル、合わせ調味料など

〈酸味のあるたれとおろし〉

土佐酢ジュレ

かつおだし：4（360ml）
酢：3（120ml）
みりん：1（90ml）
淡口醤油：1（90ml）
かつお節（削り）　半つかみ
粉ゼラチン　10g（少量の水でふやかしておく）

だし、酢、みりん、淡口を合わせて火にかけて沸かす。火を止めてかつお節を加え、完全に沈んだらキッチンペーパーで漉す。ゼラチンを温めて溶かして加え、冷蔵庫で冷やし固める。(p.54)

煎り酒ジュレ

酒　720ml（4合）
昆布　約15cm
梅干　3個
かつお節（削り）　6g
粉ゼラチン　10g（少量の水でふやかしておく）

酒と昆布を弱火にかけ、つぶした梅干を加えて約半量まで煮詰める。火を止めてかつお節を加え、完全に沈んだらキッチンペーパーで漉す。ゼラチンを温めて溶かして加え、冷蔵庫で冷やし固める。

ぽん酢ジュレ

季節のかんきつ果汁：8
みりん（煮切り）：3
濃口醤油：4
粉ゼラチン：ポン酢の1.5%量（少量の水でふやかしておく）

季節のかんきつを搾って果汁をとり、みりんと濃口を合わせて涼しいところで数日ねかせてから使う。ジュレにするときは分量のゼラチンを温めて加え、冷蔵庫で冷やし固める。

ドライトマトジュレ

ドライトマト　2個
水　300ml
粉ゼラチン　3g（少量の水でふやかしておく）
みりん　少量
淡口醤油　少量

ドライトマトをきざみ、水に浸けて充分にもどしたら漉す。ゼラチンを温めて溶かして加え、みりんと淡口で味をととのえる。冷蔵庫で冷やし固める。(p.59)

ちり酢（大根おろし）

ダイコン（おろす）
ポン酢（上記）
一味唐辛子　各適量

ダイコンおろしは65℃で蒸し、絞って水けをきる。一味唐辛子を加え、丸く成形できる程度のポン酢を加え、球体にととのえる。(p.94)

おろしりんご酢

リンゴ（おろす）
リンゴ酢　各適量

リンゴは紅玉がおすすめ。皮ごとすりおろし、好みの量のリンゴ酢を合わせる。(p.74)

〈香りのオイル〉

蓼酢オイル

蓼　25g
ホワイトバルサミコ酢：2
淡口醤油：1
みりん：1
E.V.オリーブ油：3

蓼をミキサーで回し、ほかの材料を少しずつ加えてペースト状にして、オリーブ油をたらしながら加えて仕上げる。(p.155)

唐墨黒酢オイル

E.V.オリーブ油　330ml（約290g）
カラスミ　2本（130g）
黒酢50ml（50g）
濃口醤油　15ml（18g）

カラスミは薄皮をむいてきざむ。黒酢と濃口を合わせてミキサーにかけ、少量ずつオイルを加えて回しながら乳化させる。なめらかに仕上げる。(p.78)

〈合わせ調味料など〉

ほうれん草味噌

ホウレンソウ
西京味噌　各適量

ホウレンソウは70℃で約30分間蒸し、フードプロセッサーにかけてペースト状にし、西京味噌と合わせる。ペーストの色やかたさによって味噌の量を調節する。

わらび味噌たたき

ワラビの茎（穂先は料理に使い、余った部分）
信州味噌　各適量

アク抜きしたワラビの茎を包丁でたたいてとろろ状にする。味噌を加えながらかたさを調整する

甘さ控えめ酢味噌／自家製柚子胡椒

味噌（甘みのないタイプ）　80g
みりん（煮切り）　7g
酢　60g

材料を合わせてよく混ぜる。

青ユズ　10個
青トウガラシ　100g
塩　10g

ユズの皮を薄く削りとり、トウガラシは種とヘタを除く。これをフードプロセッサーにかけてペースト状にし、塩を加え混ぜる。通常のタイプより塩が少ないので冷凍保存。使うときは端から削って使う。(p.63)

自家製かえし

濃口醤油：5
みりん（煮切り）：1
三温糖：1

材料をすべて合わせて弱火にかけ、鍋のフチにアクが出てきたら（約85℃）火からおろし、そのまま冷まして保存する。(p.67)

水産資源の
持続可能性のため
定置網漁を選択

namidaでは、神奈川・小田原の定置網漁で獲れた魚介をメインに扱う。「その日に揚がった魚を料理人の知恵でおいしくいただく」（田嶋さん）ことをモットーに、朝獲れの魚が店に届いてから、その日のメニューを考える。定置網漁とは魚の通り道に網を設置して魚を誘い込む漁法で、漁場が陸から近いためエネルギー消費が少なく、しかも多くの魚は網から逃げられることから、資源管理の点でも理想的とされる。「われわれ料理人が魚種やサイズに固執してしまうと、どうしても余る魚が出てしまう。さらに皆が同じ魚を求めると価格が高騰し、資源も枯渇する」と田嶋さん。そうした流れには乗らず、この先も長く魚を食べ続けるために、いま自分たちができることを考えて定置網漁を選んだという。実際に小田原は魚種も豊富で、信頼する仲卸の存在もあり、想像以上に質のいい素材が入手できているとのこと。ウツボなどめずらしい素材に出会えるのも、この店を訪れる楽しみの一つだ。

鱓 3種 ちり酢
（料理解説p.92）

金目鯛 湯霜造り
青海苔土佐酢
芽葱 山葵
（料理解説p.57）

魚介を引き立てる
和の素材を使った
香りの演出

「香り」の工夫も魚介料理を引き立てる。上はフレッシュの朴葉でクロムツを包み、青葉のさわやかな香りを移しつつ焼き上げたもの。枯れた朴葉とはまた違った青々とした香りは、ソーヴィニヨンブランや日本酒の生酒に近いニュアンスをもつため、これらのお酒と合わせても楽しい。お客自らが包みを開ける包み焼きは、飲食店ならでの特別感が演出できる。店側としても、あらかじめ包むまでの仕込みができ、まとめて一気に仕上げられるため宴会料理やパーティなどに使いやすい。また、味がぶれにくく再現性が高いというメリットもある。ほかに、料理に香りを移す手法としては、薄い杉板ではさんで杉の香りをつけながら焼くもの（p.145）や、お茶の香りを移すものがある。下は、カツオのたたきに添える辛子をほうじ茶で練ったもの。煮アナゴに茶葉を加えて香ばしさをつける（p.125）こともある。香りは強すぎないものを選び、どこかに和を想起させるおだやかな香りで素材と調和させることがポイントだ。

黒鯥青朴葉焼き
こごみ 胡桃
（料理解説p.145）

初鰹とトマトの寄せ
自家製かえし
焙じ茶で練った芥子
（料理解説p.65）

酒井商会 東京・渋谷

現代の居酒屋シーンをけん引する
都内屈指の人気店
料理と接客で大人客を魅了する

モダンだが温かみのある器を多数
そろえる酒井商会。人気作家の器も
さりげなく使う。普段から器店や展
示会に足繁く通い、器からも料理の
インスピレーションを得ている。

〈さかいしょうかい〉
東京都渋谷区渋谷3-6-18
荻津ビル2F
https://sakai-shokai.jp/
（web予約）
17:00 〜 23:00（月〜金曜）
15:00 〜 21:00（土曜）
日曜定休

オープンから間もなく都内屈指の人気店となり、いまなお予約困難な居酒屋として知られる酒井商会。看板もない雑居ビルの2階へ上がると、カウンター12席とテーブル2卓の落ち着いた空間が広がる。調理の手元まで見えるフルフラットのカウンター前で、黙々と調理をこなしつつ、よく日焼けした笑顔でお客を迎え入れるのが店主の酒井英彰さんだ。

この店の魅力は、料理、接客サービス、酒類の品ぞろえ、空間の心地よさなどが、欠けるところなく高いレベルでバランスよく融合していること。とくに行き届いた接客サービスには定評があり、同業者が訪れて細かい点まで視察していくというのも合点がいく。料理は創作系ではなく、誰もがわかりやすい和食の枠に収めつつ、どこかに新しい工夫やアイデアを盛り込んでいる。たとえば、アオリイカの刺身にシャキシャキとした生のキクイモを合わせて梅肉でまとめたり、稚アユとジャガイモの春巻は、あえて両端からアユの頭と尻ビレをはみ出させたフォルムに仕立てたりと、それぞれの皿でこの店の個性を表現。どれもシンプルな調理ゆえ、素材のよさとていねいな仕込みがストレートに伝わってくる。このあたりが外食慣れした大人客の心をつかむ理由だろう。コースはなく、アラカルトの中から、その日のおすすめ8〜9品を見繕った「おまかせ」を来店客の6割がオーダー。内容は、九州の郷土料理「呉豆腐」をつき出しに、サラダ、揚げ物、お造り、椀物、小鉢、名物の雲仙ハムカツ、最後に土鍋で炊く混ぜご飯か、おつまみの盛り合わせなどを選ぶという流れだ。

23年1月にはさらにもう1店を出店し、経営者としても手腕を発揮する酒井さん。各店で売りとなる調理法やコンセプトを変えながら、グループとしての一体感を打ち出していきたいと抱負を語っている。

店主
酒井 英彰さん

1984年福岡県生まれ。大学卒業後、サーフィンを究めるため単身オーストラリアに渡る。アルバイトとして働いたレストランで料理のおもしろさに目覚め、帰国後は三笠会館で2年間フレンチの修業を積む。その後、ゼットン各店で計5年間料理長を務めたのち、独立を見据えてカウンター主体の「並木橋なかむら」にて3年間和食を学ぶ。2018年東京渋谷に「酒井商会」を独立開業。20年恵比寿「創和堂」を、22年ECブランド「芹乃栄」を立ち上げる。23年渋谷に薪火と発酵をテーマにした「SHIZEN」をオープン。

和食&自然派ワインを深掘り

酒井商会では気軽に自然派ワインを楽しめる。自然派の中でも、だしの味とよく合う、おだやかでミネラル感のあるものを国内外問わずセレクト。最近はジュラやオアーストリアなどが人気という。きんぴらの土のニュアンスにぴたりと合うものなど、和食と自然派のペアリングは奥深く、さらに深掘りしたいと酒井さん。日本酒は新政（秋田）の限定酒を多くそろえるほか、香り控えめのすっきりとしたタイプからお燗に向く熟成酒まである。

野菜を合わせて
バランスよく
軽い食後感に

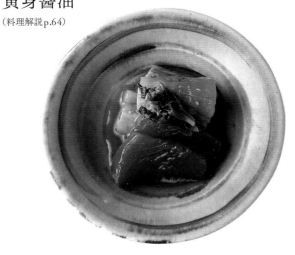

かますとつる紫、
南瓜の焼き浸し
（料理解説p.133）

漬け鰹と焼き茄子の
黄身醤油
（料理解説p.64）

酒井商会が厚い支持を集める理由の一つが、料理に添えられるたっぷりの野菜。「あるとき常連のお客さまが来店されて、連日のように外食が続いて野菜不足だと。それならばと魚料理に野菜をプラスしたらとても喜んでいただいて。それ以降、意識的に野菜を組み合わせるようになりました」（酒井さん）。普段は多忙だったり、単身生活などで野菜を充分に摂取できない人も多い。ならば、ゆっくり食事ができる飲食店でこそ、ひと手間をかけた旬の野菜をたくさん食べてほしいと考えたという。左上はカマスの焼き浸しに、グリルしたカボチャとツルムラサキを、右下はカツオの漬けに、焼きナスと花ワサビを添えた。これらの野菜は主役の魚と同じくらいのボリュームで、かつ互いを引き立てるよく考えられた取り合わせだ。何より、野菜が多いと食後感が軽くなる。お客の健康を気遣うことからはじめた工夫が、いまは店のスタイルとして定着している。

魚を食べやすく おいしく仕上げる 油と香り

酒井商会の魚料理はごく少量の「油」を加えて食べやすく仕上げている。素材自体に油脂がある場合はそれを生かし、油分がなければ調理の段階で加えたり、仕上げに足したりする。ほんの少しでも油分があると食べ進みやすいだけでなく、ワインや日本酒とも合わせやすくなる。手法としては、調味だれに混ぜたり、香味油として仕上げにほんの数滴たらす。とくに後から足す場合は、油っぽさが前面に出ないよう、香りやうまみ、酸味と合わせるのが効果的。左下のタチウオにかけた塩レモンだれは、レモン果汁とゆでた果皮、塩と太白ゴマ油を合わせて2〜3週間漬け込む。太白ゴマ油を加えることでレモンのカドを抑えつつ、魚とのなじみをよくしている。右下は角切りのマグロを、素揚げした行者ニンニクを加えた醤油だれで和えたもの。左ページのカマスの焼き浸しは、香りのアクセントに実山椒オイルを数滴落としている。

自家製の調味だれと香味油の一例。左から、塩レモンだれ、行者にんにく醤油、実山椒オイル。塩レモンだれには太白ゴマ油を、行者にんにくは素揚げして油分を加える。

本鮪
行者にんにく醤油和え
（料理解説p.69）

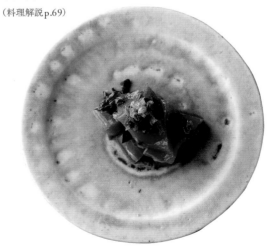

太刀魚 塩レモン焼き
（料理解説p.137）

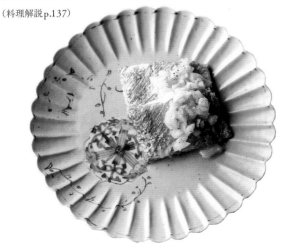

メインの魚介は
出身地の九州から
産直で仕入れる

酒井商会では、酒井さんの出身地である九州各地の食材やローカルフードが楽しめる。つき出しの「呉豆腐」はにがりでなくて葛で固めた北部九州の豆腐で、ほかにも佐賀のみつせ鶏、長崎の雲仙ハムなど。季節の野菜も大半が九州から取り寄せている。メインの魚介は、天草（熊本）と唐津（佐賀）にある2店の仲卸と直取引しており、新鮮な魚介が週1～2回のペースで店に届く。2店とも熟成や神経締めの技術で全国的な知名度を誇り、ここで締めた魚は2週間ほど鮮度やうまみを保つことができるという。産直の狙いは、店で使いやすい魚種やサイズをあらかじめ指定できることに加え、地元の生産者を応援したり、産地の情報がこまめに入るというメリットもある。東日本では、幻の魚といわれるクエや、高級魚のスジアラを頻度高く使えるのも、こうした信頼関係が元になる。取材時は左下のイシダイ、右下のアオリイカが九州産で、ほかにタイやヒラメ、生マグロなどが定番だ。

石鯛 モロヘイヤ醤油
（料理解説 p.52）

あおりいかと
菊芋の梅和え
（料理解説 p.61）

看板メニューは
食べ慣れた味に
ひと工夫

胡麻鰻ざく
（料理解説p.148）

酒井商会の料理は、見た目はシンプルだが、食べた瞬間にはっとするような嬉しい驚きや、気の利いた工夫が盛り込まれたものが多い。右上の鰻ざくの場合は、上にふりかけた煎りゴマが肝。水分を補いながら時間をかけて煎り続けたもので、煮ると煎るの中間のような不思議な食感と、ナッツのような香ばしさが特徴だ。右下のホタルイカのぬたは、ホタルイカだけを短時間の燻製にかけている。食べた瞬間にスモーク香が口中いっぱいに広がり、燻製香と酢味噌の相性を楽しむという趣向だ。「多くのお客さまは、知っている味、懐かしい味を好む傾向にあります。わかりやすさの中に新しさを盛り込むことで、リラックスして料理を楽しんでいただけます。奇抜さだけが突出しないように心がけています」と酒井さん。料理のクリエイティビティを大切にしながら、食べやすさを第一に、やりすぎない。これが酒井商会の味づくりのルールとなっている。

燻製蛍烏賊と
芽キャベツのぬた
（料理解説p.84）

創和堂

東京・恵比寿

スタイリッシュな抜けのいい空間で
より自由な、食べやすい和食を提供。
魚一尾を使う「原始焼き」も人気

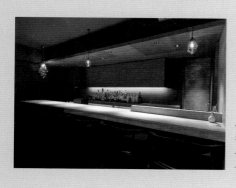

エントランス横にある独立したバー
コーナー。専任スタッフが常駐し、
ハードリカーや食後酒などが充実。
バーだけの利用も可能だ。

〈そうわどう〉
東京都渋谷区広尾1-12-15
リバーサイドビル1F
https://sakai-shokai.jp/
（web予約）
17:00 〜 23:00
日曜定休

料理長
前田 亮さん

1985年香川県生まれ。京都にある大学で建築を学び、卒業後すぐに飲食業へ進んだ。京都の人からもっとも評価される日本料理店で働きたいと、仕出し専門の「菱岩」で9年間の修業を積む。天保初年（1829年）創業という菱岩では、調理の技術だけでなく、岡持ちから下働き、伝統的な京都のしきたりまで多くのことを学んだという。その後、銀座の割烹店を経て、酒井商会に入り、2021年4月より創和堂の料理長を務める。

酒井商会（前ページ）の2号店として、2020年にオープンした創和堂。広尾と恵比寿の中間という高級店が立ち並ぶエリアに、バーや個室を備えた40坪超というぜいたくな店構え。注目は広々としたメインダイニングで、オープンキッチンを囲むカウンターは微妙に角度をつけて、抜けのよい空間をひときわ印象付けている。

現在、創和堂を任されているのは料理長の前田亮さん。京都の老舗で修業を重ねた確かな技術で、このエリア、この空間に合わせた「より自由な和食」をつくり出す。たとえば、サクラマス（p.69）にはピーナッツ油を加えた黄身酢を合わせたり、キンメダイとレンコンのおろし煮（p.124）はアクセントに花椒（ホワジャオ）のスプラウトを添えるなど、日本料理の枠を守りながら、いまの時代の食べやすさや新しさを盛り込み、ひと工夫を加える。

「食材のユニークな組み合わせ、味の引き出し方で店の個性を出したいと思っています。イノベーティブほど先鋭的ではなく、どこか懐かしいホッとする味の中に『もう一度あれを食べたい』と心に深く残るような料理をつくっていけたら」と前田さん。学生時代に建築やデザインを学んでいたこともあり、前田さんの料理は盛り付けやフォルムが端正で、器の選び方にもセンスが光る。

メニューはアラカルト主体で、看板商品は開店時から人気の「原始焼き」（p.132）。これは特製の焼き台を使って肉や魚、野菜などを丸ごと炭火で焼くもので、見た目の豪快さとともに、素材の本質的なおいしさが楽しめる。魚介の仕入れは、酒井商会と同じく唐津と天草の仲卸から取り寄せるものと、一部は豊洲の鮮魚店を使う。共通する仕入れ先やスタッフの行き来はあるものの、単なる2号店ではないオリジナルの魅力と個性を打ち出している。

バー利用を兼ねた充実の品ぞろえ

本格的なバーを備えた創和堂では、定番酒からレア銘柄まで幅広くラインナップ。写真左から、自社でサツマイモから育てるドメーヌ芋焼酎の白石酒造「南果」、山椒や和かんきつが香る国産クラフトジンの尾鈴山蒸留所「OSUZU GIN」、出雲で生酛造りに挑む板倉酒造「天雲」、京都に新生誕生となった話題の日日醸造「日日（にちにち）」、一部で熱狂的なファンを持つ自然派ワインのサヴォワ「ベロン」とローヌ「ラングロール」。

「あったらいいな」を新作メニューに落とし込む

毛蟹純米酒漬け
（料理解説p.80）

毛ガニは活けのものをさばいて使う。脚は肩肉（胴）をつけて切り分け、食べやすいように殻の一部を包丁でそいで身を露出させる。蒸し器に入れてごく軽く火を入れたら、すぐに地に浸ける。浸け地は酸味のしっかりした熟成酒「竹鶴雄町」をベースにしたもの。

前田さんが新メニューを考えるときは、「こういう料理があったらいいな」「この技法を日本料理にとり入れたいな」という発想からスタートすることが多い。たとえば、上の毛ガニの純米酒漬けは中華の「酔っぱらい海老」を、「毛ガニと日本酒」で応用できないかと考えたもの。毛ガニの場合は活けや生のままではなく、さっと短時間蒸すのがポイント。こうすると浸け地の味が入りやすいことに加え、身が締まって食感がよくなり、カニらしい香りも引き立つ。また、浸け地のベースになる純米酒は、酸のしっかりとした熟成タイプを選んで余韻まで味わい深く仕上げている。下のマナガツオは、魚に薄衣をつけて揚げた春の料理。さらにもうひと手間をかけて「白味噌のお椀」の着想から、白味噌とカブをなめらかなソースにして魚に添えた。身質の繊細なマナガツオに、白味噌とカブの甘みがよく合う。それぞれメインの素材を持ち上げながら、この店にしかない料理に仕上げている。

真魚鰹味噌漬けの唐揚げ
（料理解説p.161）

素材から抽出した うまみや香りを 仕上げに加える

岩牡蠣のなめろう
（料理解説 p.73）

炙り鳥貝と枝豆の
茶碗蒸し
（料理解説 p.105）

前田さんが魚介料理でよく使う特徴的な手法が、素材からうまみや香りを抽出し、アクなどを除いて凝縮させ、それを最後の仕上げに「素材に戻す」。上の岩ガキは、ふっくらとした身のミルキーさが醍醐味だが、実はヒダの部分にカキらしい磯の香りが凝縮している。この部分を細かくたたいて味噌になじませ、なめろう味噌として上からかけてカキの味の輪郭を際立たせる。下のトリガイの茶碗蒸しは、さばいたときに出る貝の水分や肝などを煮詰めて濃厚な貝のだしをとり、そのだしで貝の身を煮て、さらにその煮汁を茶碗蒸しの上にかけるあんにする。ほかにも、カニの殻でだしをとり、だしから引き上げた殻を今度は低温の油で煮出してカニの油をとり、カニの土鍋ご飯や蒸し物の仕上げに数滴たらして香りを立たせる。それぞれの素材が持つうまみや香りの引き出し方を模索しながら、同時に「明確な意図をもって使う」（前田さん）ことを心がけるという。

刺身はそれぞれ
味をつけて
お酒のアテに

お造り盛り合わせ
（料理解説p.49）

鰹の藁焼き 唐辛子麹
（料理解説p.64）

創和堂では、基本的に刺身はそれぞれ味をつ
けて提供する。味つけは、土佐醤油や煎り酒と
いった定番のものから、店のオリジナリティを
感じさせる個性的なつけ醤油、合わせ調味料
まで幅広い。その日に使う魚種や脂の乗り具合
などを見きわめ、さらに季節や前後の料理など
から、使う素材や味つけを考える。写真はそれ
ぞれ、生ノリとニラを別々に漬け込んだ土佐醤
油を合わせたもの、タピオカスターチでとろみ
をつけた煎り酒、醤油に漬け込んだオクラ、削
ったカラスミを調味料代わりにしたもの、麹店
から取り寄せる辛みの効いた味噌麹。素材と
の相性を考えつつ、お酒がすすむような味つけ
で、見た目のバランスを考えて盛り付ける。「お
刺身は塩や醤油を添えるよりも、それぞれに味
つけしたほうが、お客さまの反応もよく、お酒
にも合わせやすい。お刺身も料理の一つととら
えて、食べやすく、現代の感覚に合うものをつ
くっていきたいですね」（前田さん）。

のどぐろ原始焼き

（料理解説p.132）

創和堂の看板メニューの一つが、炭火で焼き
上げる「原始焼き」。この炭火焼き台はオー
ナーの酒井さんが試行錯誤して開発したもの
で、"原始"と銘打った斬新なメニュー名ととも
に、開店当時から店の顔として活躍中。炭火焼
きは遠赤外線の効果でふっくら、水分を保った
まま焼き上がることに加え、肉や魚は自身の脂
がじんわりと染み出て、その脂の焼ける香りが
また食欲をそそる。写真のノドグロをはじめ、
アユやカマス、サンマ、ウナギなどの魚介類か
ら、野菜は季節ごとに入れ替わり、根付きのタ
ケノコ、ヤングコーン、下仁田ネギなどがメニ
ューに並ぶ。尾頭付き、丸ごとの姿焼き、皮付
き・殻付きといった料理を見かけることが少な
くなった昨今、非日常感を味わえる「シェアす
る皿」「ダイナミックな料理」として再び脚光を
浴びている。

オープンキッチンの端に設置したオリジナルの
炭火焼き台。中央に炭を「縦置き」できる鉄コ
イルを設置し、その周囲に肉や魚、野菜をお
いてじっくり焼き上げる。写真のノドグロは滴
り落ちてくる自身の脂で頭を揚げ焼きにしなが
ら、同時に全体に火を通す。

の弥七

東京・荒木町

「日本人のための中華」を掲げ
和食の技法で軽やかさを出した
新たなスタイルを確立

移転の際に重視したのが、広い空間とゆったりとしたカウンター席。結果的にお客の滞在時間が増えて客単価も上がり、料理の提供や接客にも余裕が生まれるようになった。

〈のやしち〉
東京都新宿区荒木町2-9
MIT四ッ谷三丁目ビル1F
03-3226-7055
昼　11:30 ～ 14:30(事前予約制)
夜　17:30 ～ 23:00
日曜定休

国内でも指折りの飲食店集積地、東京・四谷荒木町。この一角で、料亭のような落ち着いた風情の店構えが、"日本人のための中華"を掲げる「の弥七」だ。

店主の山本眞也さんは、上海の有名店や国内の星付き店などの修業経験をもつが、自身が独立する店では「和食と中華の融合」という新たなジャンルに挑戦した。「日本で生まれ育った私たちが食べて、しぜんに季節や素材らしさを感じられる料理。中華を食べた満足感がありながら、食後感が軽くて体が疲れない料理をめざしています」とコンセプトを語る。

山本さんが「日本人に向けた中華」を深めるなかでとくに重きをおくのが、新鮮な魚介を積極的に使うこと。そのため独立前から毎日、豊洲市場へ通い、また10年以上にわたって師と仰ぐ名料理人のもとで、日本料理特有の素材の扱いや調理技術を学んできた。実際、の弥七では「仕込みの8割は日本料理」といい、とくに魚介の下処理は、魚種に応じた専用の包丁を使って、水洗いから、おろす、さくどり、脱水、ねかせるなどの工程で日本料理の仕込みを行なう。そのていねいな下処理を生かすような素材の引き立て方、仕上げ方が、の弥七らしい軽やかで素材感が伝わる料理につながっている。

料理はその日のおまかせコース1本（価格帯は3つ）で、懐石の流れに沿って、先付、前菜、椀物、生もの、揚げ物、メイン、食事、デザートの8品がつく構成。「日本の素晴らしい素材を生かすために、調味料や油脂の使い方にもメリハリをつけています。さらに研鑽し、ここにしかない、日本人のための中華をつくっていければ」と、山本さんは今後の抱負を語っている。

店主
山本 眞也さん

1979年高知県生まれ。実家が中国料理店という環境で育ち、大学4年時から本格的に料理人としてのキャリアをスタート。26歳で単身上海に渡り、料理人だけで250人以上を抱える有名店で働く。現地では屋台から高級店まで食べ歩いたほか、市場に並ぶ多種多様な食材にふれたり、器や骨董、中国茶の店に足繁く通うなど見聞を広める。帰国後は「御田町 桃の木」で6年間の修業を経て、2014年東京・荒木町に「の弥七」を独立開業。17年6月同じ荒木町内に移転。

安定感のある味わいを重視

酒類はフランスワインを中心に、イタリアやシャンパーニュまで広くそろえる。「きれいな味わいで、どんな料理にも寄り添う包容力があり、安定した"老舗感"があるもの」を基準に、ときに変化球が加わる料理に対して、一歩引いて全面的に支えてくれるワインをセレクト。もう一つの柱である日本酒は、四国出身だけに「つい辛口を求めてしまう」と山本さん。飲むごとに口中をリセットするような、キリッと引き締まった味わいが多い。

和の素材と仕込み×
中華の仕上げで
新味を追求

客席からも見える厨房入口に中華レンジを設置。山本さんが鍋をふる姿が背中越しに見える。

稚鮎の唐辛子煎
山椒の香り

（料理解説p.153）

鱧の山葵炒め

（料理解説p.93）

の弥七の料理は、国内で獲れる魚介をメインに使うが、その際、魚介の下処理や素材の組み合わせなどで日本料理の技法やセオリーを踏襲することが多い。たとえば、左下の稚アユの唐辛子煎は、通常はトウガラシと花椒を中華鍋で炒めて刺激のある香りを立たせるが、ここにアユと相性のよい蓼の葉を加えて、ほのかに苦くて青い香りを加えている。右下のハモは、水洗いから、皮のぬめりをとり、おろして骨切りまでは日本料理の下処理を行なう。特有の臭みを抑えながら、ふっくらとしたハモの身質をきわ立たせる方法だ。「日本で獲れる新鮮な魚介を使うのであれば、素材の美点を引き出す日本料理の扱い方に倣うのが必然です」と山本さん。ちなみに、この2品のように前調理で油を使うか、素材自体に油分がある場合は、山本さんはほとんど油脂を使わずに炒める。こうすることで、中華を食べた満足感はあるのに食後感は軽く、素材の持ち味が前面に出た仕上がりになる。

食感を工夫して
見慣れた食材に
新たな価値を

海鼠と干し柿
よだれ鶏風たれ
（料理解説p.88）

ナマコは輪切りにして断面を
バーナーであぶる。生と火
入れの中間のような食感にな
り、うまみを感じやすくなる。

中国料理と日本料理、それぞれに特徴的な素
材や技法をよく知る山本さんが、その柔軟な発
想でとり組むのが「食感の工夫」だ。食感を変
えるだけで印象ががらりと変わり、見慣れた食
材もちょっとした箸休めや、おもしろい酒肴に
仕上がることがある。右上のナマコは、生か茶
ぶりにするのが定番だが、ここでは輪切りにし
て断面をバーナーであぶっている。少し噛みご
たえが出て食べやすくなるのと、磯臭さが抑え
られ、脱水されて味もしみこみやすくなる。右
のドジョウは、中華らしく高温の油で素揚げ
し、煮詰めた黒酢だれをからめて、スナック感
覚でつまめる酒肴に。ポイントは高温の油で中
心まで揚げきること。サクサクと歯切れがよく
なり、ワタの苦みも軽くなる。このように使い
慣れた素材も仕立てや技法をとらえ直すこと
で、隠れていた特長や持ち味を再発見できる。
素材と向き合い「より自然に近い味をめざして
いければ」と山本さんは話している。

泥鰌の黒酢和え
（料理解説p.96）

酸とうまみの
自家製「泡菜」を
活用する

泡菜を漬ける専用壺。上部の水盤に水を張って椀状の蓋をすると、内部のガスは抜けるが、外気は壺の中に入らない仕組み。

鮪の山椒タルタルソース添え
（料理解説p.161）

鰆と発酵白菜の
みぞれ餡
（料理解説p.124）

中国の西南地方で広く食されている「泡菜（パオツァイ）」は、塩水でつくる野菜の漬け物のこと。3〜6％の塩分濃度で野菜を漬けること、くり返し野菜を漬けると塩水の風味が増すこと、腐敗しないようこまめな世話が必要なこと、植物性乳酸菌が豊富な点などが、日本のぬか漬けとよく似ている。の弥七ではいろいろな野菜で泡菜をつくり、付け合わせや調味料代わりに活用している。発酵が進むほどに酸味とうまみが増す泡菜は、料理に使うとそのうまみで味がまとまりやすく、かつ自然な味わいに仕上がるのが特徴。塩味と酸味があるので余分な調味料も不要だ。左は発酵が進んだハクサイの泡菜を鶏のだしで炊き、酸味とうまみのしみ出たスープを味わう一品。軽やかな酸味と複雑な味わいは発酵食品ならではだ。上は、キュウリの泡菜をピクルスのようにきざみ、ほかの生野菜や山椒と合わせてごく少量のマヨネーズでつなぎ、山椒風味のタルタルソースに仕立てた。

調味料を減らし
薬味や果汁でも
味をつくる

鱈の油淋魚
ハーブ風味
（料理解説p.160）

の弥七の料理に「軽やかさ」を生むもう一つの
ポイントが、調味料の使い方にメリハリをつけ
ること。使うべきところではしっかりと効かせ
ながら、ときには代替の方法で味を軽くする。
左ページのように発酵野菜を調味料代わりに
使うこともあれば、薬味やハーブの香り、かん
きつ果汁の酸味で味をつけることもある。右上
は、タラと甘酸っぱい油淋ソースに、山盛りの
薬味を加えて食べ心地をさっぱり軽やかに仕
上げた一皿。ポイントは野菜をつぶさないよう
にできるだけ細かく切ること。長ネギ、ショウ
ガ、赤トウガラシ、ディル、チャービル、レモ
ンバームなどの香りの素材をいくつか組み合わ
せて、辛みと香りの余韻まで楽しめるようにし
た。右は弓削瓢柑（ゆげひょうかん）というお
だやかな甘みと酸味のかんきつ果汁を「合わせ
酢」のような仕立てに。低温の油で煮た白身魚
と汲み上げ湯葉を合わせて、ほっとするやさし
い味にまとめている。

鱈と弓削瓢柑の冷製
（料理解説p.117）

オ山ノ活惚レ

東京・代官山

圧倒的な魚介の品質とお値打ち感。
気の利いたメニューをそろえた
ワインが似合う鮮魚居酒屋

1号店から徒歩5分ほどの場所にある「オ山ノ活惚レ」。コックコートから店内装飾、照明などを落ち着いたトーンでまとめた。皿には、著名デザイナーによるモダンな店舗ロゴも。

〈おやまのかっぽれ〉
東京都渋谷区猿楽町9-1
宮田ビル2F
03-6416-3985
17:00 〜翌1:00（月〜土曜）
16:00 〜 24:00（日曜祝日）
不定休

店主
松永 大輝さん

1984年静岡県生まれ。都内の調理師学校を卒業後、青山の京料理店で日本料理の修業をはじめる。その後、川崎のホテルや吉祥寺の生け簀料理店などを経て、将来の独立を見据えて鮮魚卸・飲食店経営の魚真に入社。飲食店部門で9年間働き、大繁盛店として知られる「魚真乃木坂店」の店長を5年間務めた。2018年東京・渋谷に「活惚れ」を独立開業。すぐに大繁盛店となり、19年代官山に2号店「才山ノ活惚レ」を、22年その近くに会員制の店舗をオープン。

開業後間もなく大ヒット店となった東京・渋谷の鮮魚居酒屋「活惚れ」。この開業からわずか2年足らずで、2号店としてオープンしたのが「才山ノ活惚レ」だ。活惚れからは徒歩5分ほどの坂を上った場所にあるので「才山ノ」と命名。1号店は刺身と魚介の炭火焼きをメインに、清潔感のある白木のカウンターの明るい店内に仕上げたが、2号店は打って変わって、落ち着いたトーンでワインが飲みたくなる雰囲気にまとめた。

この2店に共通する魅力は、何と言っても圧倒的な魚介の品質とお値打ち感。店主の松永大輝さんは、日本料理店での修業を皮切りに、鮮魚居酒屋の名店「魚真」で店長を務めた経験をもつ。2店で提供する魚介はすべて、この魚真の鮮魚卸部門から仕入れたもの。個人店では太刀打ちできない圧倒的な安さと魚介のクオリティ、さらに少量多品種の品ぞろえや、レアな素材まで入手できるのは、この鮮魚卸との信頼関係が大きい。

メニューは、1号店に比べて数こそ絞り込んだものの、その分手間をかけて大人客を満足させる気の利いた内容にグレードアップ。魚介と野菜を組み合わせたり、高級食材をあえて親しみやすいメニューに仕立てたり、卵とウニ、白子と乳製品など、ニュアンスの似た素材同士をかけ合わせたりと、魚介メニューの新たな広がりを打ち出している。また、ていねいな下処理で魚介の臭みや雑味を抑え、食べ心地よく、ワインや日本酒に合わせやすく工夫しているのもポイントだ。

「店の内装を変えるだけで、売れるお酒のタイプも変わってきます。今後はより接客サービスに力を入れて、料理とお酒をじっくり味わえる空間をつくっていきたい」と松永さん。「元気な鮮魚居酒屋」はさらに進化を続けている。

食事に合う自然派ワインと日本酒

才山ノ活惚レでは、自然派ワインが酒類出数の7割を占める。和食とよく合う話題のオレンジワインや微発泡のペティアンなどもそろえ、メニュー表には白、赤、橙（オレンジ）、泡、淡赤（ロゼ）のカテゴリーが並ぶ。人気はイタリア、ジュラ（仏）、オーストラリア、ポルトガルなど。日本酒は、京都の日日醸造をメインに、季節ごとに20銘柄ほどをラインナップ。いずれも店の料理を引き立てる、魚介に合う基準でセレクトする。

出身の鮮魚卸「魚真」から仕入れる多品種&レアな魚介

酔っぱらいホタルイカ
（料理解説p.84）

満貝盛り
（料理解説p.48）

オ山ノ活惣レの最大の魅力は、さまざまな旬の魚介をたっぷりと、しかもリーズナブルな価格で楽しめること。それを裏で支えているのが、店主の松永さんもかつて在籍した鮮魚卸の「魚真」だ。同社は、200店以上のすし店や和食、居酒屋との取引きがあり、また多くの人材を飲食業に輩出することでも知られた存在。松永さんも魚真の目利きの確かさ、素材の品質や鮮度、また市場で買い付ける力には全幅の信頼を寄せている。「自分が豊洲で買うより、魚真から仕入れたほうが、はるかに安くていい魚が手に入ります。定番の素材はもちろん、少量多品種をそろえたいときや、レアな素材を使うときも助かります」（松永さん）。右の、貝だけで6種を盛り合わせた刺身の皿は、少量多品種の好例。また右上は、中華の「酔っ払いエビ」のホタルイカ・バージョンで、活けのホタルイカを浸け込んでつくる。こうしたレアな素材まで幅広くメニューにのせられるのが、オ山ノ活惣レの強みだ。

庶民派メニューに
あえてぜいたくな
素材を使う

カニクリームコロッケ
蟹味噌ソース
（料理解説p.161）

車海老カツサンド
（料理解説p.164）

オ山ノ活惣レの特徴の一つが、ぜいたくな素材使いにある。「ジャンクなイメージがある料理に、あえていい素材を使ってみる、"大人の遊び"感覚ですね」と松永さん。左の車海老カツサンドには、20cm以上はある生の車エビを惜しげもなく使い、上のカニクリームコロッケは、活けのズワイガニを店でゆでて、その身をほぐして自家製のベシャメルソースにたっぷりと加えている。もちろん添えているカニみそソースも店で一からつくる。ほかにも、白子やウニ、毛ガニ、フグなどの高級食材を、気軽に楽しめるように工夫したメニューが並ぶ。「高級食材をただ使うだけでなく、どうしたらより引き立つか、お客さまにおいしさや楽しさが伝わるかを考えてメニューに落とし込みます。メニュー名、素材の組み合わせ、ボリューム感、イメージのギャップなど。一つひとつのメニューに、うちの店にしかできないことやサプライズを盛り込んでいます」（松永さん）。

メインの素材は
ていねいな下処理で
臭みを抑える

魚介だしの雲丹巻き卵
（料理解説p.128）

ふぐ白子のチーズリゾット
（料理解説p.164）

オ山ノ活惣レの料理には、魚介特有の雑味や生臭さがほとんどない。素材自体の鮮度のよさもあるが、ていねいな素材の下処理が大きく影響している。これは松永さんが「和食の知恵」と呼ぶ、日本料理店での修業時代に身につけたもので、とくにメインの素材や使用量が多いものは徹底する。左は、店の看板メニューのフグ白子のチーズリゾット。トラフグの白子は血抜きをしたあと、酒に浸けて臭みを抜き、一度下ゆでしてから使う。こうすると白子特有の生臭さが抑えられ、チーズやクリームなどの乳製品となじみやすくなる。上は、鮮魚居酒屋らしい魚介だしでつくるだし巻き卵。魚をさばくときに出る大量のアラは一度霜降りして流水でよく洗い、1〜2時間かけて弱火で煮出して雑味のないクリアな魚介だしを引く。魚介は余分な雑味を抑えることでワインや日本酒と合わせやすくなり、また食べ進みやすく、食後感も軽くなる。

個性の強い素材を
売れ筋に育てる
メニュー開発力

オ山ノ活惣レの隠れた強みは、どんなに個性が強くて扱いにくい素材も、ひと工夫を加えてワインや日本酒によく合う売れ筋商品に仕立て上げること。たとえば、サザエは特徴的な強い磯の香りを逆手にとって、ニンニクと香草を効かせたエスカルゴバターと組み合わせる。通りいっぺんの醤油の壺焼きではなく、洋風の仕立てにするのがミソ。また、軽く酢締めにしたコハダは、締め物特有の味わいを生かして、ガリや大葉などを合わせて食べやすい巻き物に。こうした松永さんの臨機応変なアイデア、メニュー開発の瞬発力は、修業時代に長く「賄い」を担当したことで培われたという。与えられた素材の個性を瞬時に見抜き、何パターンかのメニューを考え、最終的には誰もが食べやすいメニューに着地させる。さまざまな素材を使いこなすことで、お客にとっては選ぶ楽しさや新たな味の出会いがあり、店側は原価の調整や食材のロス軽減につながっている。

栄螺のエスカルゴバター焼き
（料理解説p.133）

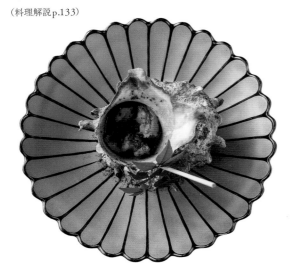

小肌ガリ紫蘇巻き
（料理解説p.89）

まめたん

東京・根津

ワンオペの店主がくり出す、
ひとひねり＆アドリブ料理の数々。
確かな技術が冴える

カウンター上のペンダントライト
は、ガラスではなく陶器を削り出し
たもの。点灯するとやわらかい光が
入る。これらの作品にふれるのも、
まめたんを訪れる楽しみの一つ。

〈まめたん〉
東京都台東区谷中1-2-16
080-9826-6578
昼　11:30 ～ 14:00（事前予約制）
夜　18:00 ～ 21:00
月曜定休

　下町の面影が色濃く残る、台東区・谷根千界隈。この街の言問い通り沿いにあるのが、気軽な割烹として人気の「まめたん」だ。もとは豆炭屋だったという古民家を改装した店内は、調理場を囲むように配置されたカウンター7席のみ。店主の秦直樹さんが調理から接客までをすべて一人でこなす、いわゆる"ワンオペ"営業の店だ。

　まめたんの魅力は、高い技術に裏打ちされた「ひとひねり」を加えた料理の数々。たとえば、トマトとブルーチーズの茶碗蒸しや、ポン酢にパッションフルーツを加えたハモの落とし、冬瓜のワタをソースにした蒸しホタテの冬瓜煮など。これらが正統派の刺身や焼き物などの合間に提供され、お客の目と舌を楽しませる。クラシカルな料亭から、イノベーティブな和食まで経験を積んできた、秦さんだからこそ可能になる幅の広さだ。

　もう一つの特徴が、魚介の原価を抑えながらロスを減らす取り組みだ。仕入れた魚は、まず刺身や和え物、続いて焼き物・揚げ物、さらに残った部位は常備菜へと、余すところなく使い回す。常備菜はちょっとした箸休めや酒肴にもなり、ワンオペ営業には重宝する。また、使いきらずに残った生ウニは白身魚と和えたり、まとめて蒸しウニをつくり、ほかの料理に使う。

　コースはおまかせの1本のみで、その日に豊洲で仕入れた魚介で料理を決める。ワンオペ営業では、仕込みの比重を高くして提供時は仕上げるだけの店も多いが、まめたんはむしろ逆。割烹らしく、お客との会話を通じて味つけやボリュームを微調整しながら、できたて・つくりたてにこだわり、ときにはアドリブでメニューを考えることもあるという。確かな技術とこうした自由なスタイルに魅せられ、この店に通い詰める常連客も多い。

店主
秦 直樹さん

1986年北海道生まれ。もの作り好きが高じて料理の道へ。札幌の調理師専門学校で日本料理を学び、卒業後は名料亭として知られる「紀尾井町 福田家」に入社。修業時代に魯山人などの器にふれたことをきっかけに、全国の窯元や現代作家の工房、展示会を訪ねるようになる。神保町「傳」などを経て、2015年東京・根津に28歳で「まめたん」を独立開業。開業当初から一人で店を切り盛りする。

季節ごとに飲み頃の銘柄をそろえる

日本酒は季節ごとに銘柄を入れ替え、その時季に飲みたくなる酒質を中心に常時30銘柄ほどをそろえる。全体に軽い口あたりのものが多いが、お客の好みやリクエストに応じて、やや重たいものや熟成酒を出すこともある。写真左から、新潟・加茂鶴「荷札酒 槽場汲み純米大吟醸」、山形・山形正宗「夏ノ純米」、秋田・出羽鶴「純米大吟醸 MARLIN」、宮城・萩の鶴「純米吟醸 別仕込 真夏の猫ラベル」。現代作家の片口（右）もテーブルを彩る。

刺身から佃煮まで
調理に変化をつけて
丸ごと使いきる

鮪のユッケ風
（料理解説p.69）

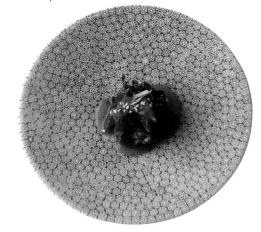

時おり入荷するマグロの頭肉、カマ、ホホ、脳天など。筋線維が発達して赤身が強い部分や、サシの入った脂の多い部位が入り混じる。活用次第でいろいろなメニューに展開できる。

鮪の佃煮
（料理解説p.97）

まめたんで使う魚介類は、すべて店主の秦さんが豊洲市場へ買い付けに行く。豊洲に通う理由は、自分の目で見て納得した素材を仕入れるためと、さまざまな理由で買いやすくなった「お値打ち品」を探すため。取材時は、マグロの頭肉、カマ、ホホ肉などを仕入れたが、これらの部位は安定供給が難しいことと、扱いや処理に手間がかかるため、鮮度・品質が良くても安価で入手できることが多い。まず、この中で牛の赤身肉のような強い風味がある筋肉の部分と、サシが入って大トロの味に近い部分を「生」で使う。赤身肉はスジを除き、醤油とゴマ油で和えてユッケ風に、大トロはその脂を生かしてネギトロやトロたく風(p.68)に仕立てる。残りは、焼き物や揚げ物に展開。そして最後に残った肉片はオーブンでよく焼いて脂を落とし、ゴボウと炒りつけて佃煮をつくる。刺身から和え物、加熱調理のもの、最後は常備菜へと、素材は工夫して最後まで無駄なく使いきる。

鮮魚料理に
フルーツの酸味と
香りをプラス

まめたんでは、旬の魚介とフルーツを合わせることが多い。フルーツを使うときは、酸味や香りが前面に出るものを選び、甘さだけが突出しないよう注意する。右下のハモは、ポン酢とパッションフルーツをよくなじませてから使うのがポイント。ハモと言えば梅肉という定番をうまく外しつつ、パッションフルーツのさわやかな酸味と南国らしい香りで、蒸し暑い夏の時季にハモをおいしく食べられる。種のサクサクとした食感もいいアクセントだ。左下のナシを使ったおろし和えは、ダイコンおろしに比べて上品な香りと繊細な口あたりが特徴。おろし和えに使うナシは、熟する前のかたくて酸味の強いものがよく、入手可能なら、ラ・フランスや二十世紀梨などの酸味がしっかりした品種で、露地栽培の摘果した未熟な果実が最適。ハウス栽培だと酸味や香りがやや控えめになる。撮影時は少し熟しはじめていたため、スダチ果汁を加えて褐変の防止と、酸味を補った。

伊佐木焼き霜造り 梨おろし和え
（料理解説p.53）

鱧の湯引き
パッションフルーツポン酢
（料理解説p.93）

ワンオペを支える
味のベースは
3種のたれ

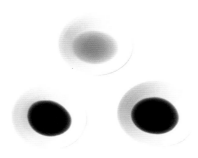

上から時計回りに、白醤油のたれ、
土佐醤油、濃口醤油のたれ。ここに
酢や油、フルーツ、香りの素材など
を組み合わせて味をつくっていく。

稚鮎南蛮漬け
和風ラタトゥイユ

（料理解説p.152）

鮪のトロたく
海苔の香り

（料理解説p.68）

調理からサービスまで、すべて一人で切り盛りするワンオペ営業のまめたんでは、効率的な仕込みと営業中はスピーディな調理が求められる。そこで役立つのが味のベースとなる3種のたれ。大半のメニューはこの3種のたれと、これに＋αで仕上げている。「土佐醤油」は昆布とかつお節を強く効かせたうまみの濃い合わせ醤油で、とくに鮮魚メニューでは食材の味を底上げしつつ、魚介の臭みをマスキングする効果もあり多用する。「白醤油のたれ」は、地や食材に色をつけたくないが、塩だけでは味に深みが出ないとき、ほのかに醤油の風味がほしい場合に使う。「濃口醤油のたれ」は白醤油のたれと同じような使い方で、醤油の色と風味をより強調したいときに使う。また、これらのたれや調味料を使うときは、「あれもこれも使わない」のが秦さん流。塩なら塩だけ、濃口なら濃口のたれだけと、ほかの調味料をごちゃごちゃ混ぜないようにしている。

2種の魚介を
掛け合わせた
リッチな味わい

春巻 蟹と白子
（料理解説p.156）

素材の風味が少し物足りないときや、一皿でインパクトを出したいとき、またはコースに緩急をつけたいときは、2種の魚介を組み合わせることもある。たとえば、右の生ウニとヒラメを使った和え物や、蒸しウニをのばして塗った焼き物（p.133）など。まめたんで使うウニはミョウバン不使用で日持ちがしないため、残った分は別の料理に展開するか、まとめて蒸しウニをつくっておく。ウニのコクを重ねることで、刺身や焼き物がさらに味わい深くなるが、「ウニ味」が強く出すぎないように、合わせる素材とのバランスに注意する。右上は、ワタリガニとフグの白子を合わせた春巻で、甲殻類の香りに白子のとろりとした食感が加わったリッチな味わい。カニのみそや内子も入った、ぜいたくな内容だ。2種以上の魚介を組み合わせるときは、香りや味わいが近いものを選び、臭みが出ないようていねいに下処理するのがポイント。

平目の昆布〆
雲丹和え
（料理解説p.76）

鮮魚つまみのバラエティ

・刺身、造り、和え物

・地浸け、酢の物

・珍味、酒肴

・蒸し物、煮物

・焼き物、揚げ物 ほか

満貝盛り（オ山ノ活惣レ）

お刺身五種盛り
（才山ノ活惣レ）

お造り盛り合わせ
（創和堂）

満貝盛り（オ山ノ活惣レ）

旬の「貝」類と満開の桜をかけた春らしい盛り合わせ。
貝殻や桜をあしらって華やかな盛り付けに。

　　鮑　酒蒸し
　　赤貝
　　ホタテ
　　ツブ貝
　　平貝
　　北寄貝

　　土佐醤油（下記）、塩、ワサビ（おろす）、大葉、
　　レモン（薄切り）

○土佐醤油

濃口醤油：7、みりん：2、酒：1を合わせて火にかけ、沸騰直前に火からおろす。かつお節（削り）を加え、冷めたら漉して使う。

1　アワビの酒蒸しをつくる。アワビはタワシでよく洗い、殻をはずして内臓と肝を除く。深めのバットにアワビの身を入れ、昆布とたっぷりの酒を加えて蒸し器で約20分間蒸す。そのまま冷まし、冷めてから食べやすい大きさに切る。

2　アカガイは殻をはずして掃除し、食べやすく身に包丁を入れる。

3　ホタテ貝柱は、縦に包丁を入れて4〜5枚に切る。肝はさっと塩ゆでして食べやすく切る。

4　ツブガイは貝むきで殻から身を引き抜き、唾液腺や肝を除いてよく洗い、薄いそぎ切りにする。

5　タイラガイ貝柱は、薄膜をはずし、繊維に沿って3〜4mmの厚さに切る。

6　ホッキガイは殻から身をはずして掃除し、さっと湯にくぐらせて色出しして食べやすく切る。

7　皿に1〜6を盛る。このとき貝殻などを使い、手前側が低く、後ろが高くなるように盛り付けると見映えがよい。ワサビやレモン、桜の枝、季節の青みをあしらい、土佐醤油と塩ですすめる。

お刺身五種盛り（オ山ノ活惣レ）

春から初夏にかけての刺身盛り合わせ。
素材のよさと鮮度を第一に、手をかけすぎない。

　　真蛸　直ゆで
　　鱧　湯引き　梅肉とレモン
　　金目鯛　松皮造り
　　のどぐろ　焼き霜造り
　　活〆天然真鯛
　　ツブ貝
　　生本鮪　大トロ
　　ヤリイカ　細造り
　　鯵　鹿の子造り
　　塩水雲丹　うま塩（昆布のうまみをつけた塩）

　　ワサビ（おろす）、ショウガ（おろす）、塩

1　タコは塩もみしてぬめりを取り、熱湯で短時間ゆでる。ザルに上げて冷まし、足をさざ波切りにする。

2　ハモは背開きにして皮に熱湯をかけて、ぬめりをこそげ取る。骨切りして3〜4cmに切り、葛粉を打って湯にくぐらせ湯引きにする。梅肉をのせ、レモンを添える。

3　キンメダイは皮を残してさくどりし、皮目に布巾をかぶせて上から熱湯をかけて、松皮造りにする。

4　ノドグロは皮を残してさくどりし、皮目をバーナーであぶって焼き霜造りにする。

5　活け締めの天然マダイは、皮を引いてさくどりし、厚めのそぎ切りにする。

6　ツブガイは貝むきで殻から身を引き抜き、唾液腺や肝を除いてよく洗い、薄いそぎ切りにする。

7　本マグロの大トロは、目に対してななめ方向に厚めに切る。

8　ヤリイカは細かく包丁を入れて細造りにする。

9　アジは皮を引いて三枚におろし、鹿の子に包丁を入れて食べやすく切る。

10　ミョウバン不使用のウニは、くずれやすいので小鉢に入れて匙を添える。

11 それぞれを盛り合わせ、おろしワサビとショウガ、塩を添える。好みで土佐醤油（左ページ）をつける。

お造り盛り合わせ（創和堂）

刺身はすべて味つけして盛り合わせる。
季節ごとに、また魚種や素材の状態をみながら、
熟成の有無や下処理、味つけを変えている。

鮪 生海苔とニラの醤油
クエ 煎り酒
あおり烏賊 オクラ醤油
甘鯛 昆布締め からすみ和え

○土佐醤油

濃口醤油：4、みりん：1、酒：1、昆布、かつお節（削り）

みりん、酒を煮切り、濃口と昆布を加えてひと煮立ちさせる。火を止めたらかつお節を加え、冷めたら漉す。

○海苔醤油

生ノリ200g、濃口醤油150ml、酒50ml、みりん50ml、砂糖20g

生ノリ、濃口、酒、みりん、砂糖を合わせて火にかけ、のり佃煮のように汁けがほとんどなくなるまで煮詰める。

○ニラ醤油

土佐醤油、ニラ、塩、鷹の爪

小口に切ったニラを塩もみし、しんなりしたら水で洗って軽く塩を抜き、しっかりと水けを絞る。このニラと鷹の爪を土佐醤油に漬ける。

○煎り酒

梅干し1kg、酒1升（1800ml）、淡口醤油100ml、昆布30g、かつお節（削り）40g

梅干し、酒、淡口、昆布を合わせて火にかけ、アルコール分がとんだらかつお節を入れる。火

からおろし、冷めてから漉す。造りの上にかけるときは、流れないようタピオカスターチでとろみをつける。

○オクラ醤油

土佐醤油、オクラ

オクラをゆでて種を取り、土佐醤油に2日間以上漬けて、細かくきざむ。

1 上記の海苔醤油とニラ醤油を3対1の割で合わせ、生海苔とニラの醤油とする。マグロの平造りにのせる。

2 そぎ造りにしたクエを大葉の上に盛り、とろみをつけた煎り酒をかける。

3 アオリイカはできるだけ細かく切り目を入れてそぎ造りにし、オクラ醤油をのせる。

4 アマダイは軽く塩をして、2時間ほど昆布締めにする。細造りにし、削ったカラスミで和える。大葉を敷いた上に盛り、万能ネギの小口切りをのせる。ワサビを添える。

寒鰤 辛味大根和え（酒井商会）　石鯛 モロヘイヤ醤油（酒井商会）

鰆 藁焼きの酢味噌がけ（酒井商会）　平目 昆布締め 土佐酢
蓙の薑黄身酢（namida）

伊佐木焼き霜造り
梨おろし和え（まめたん）

寒鰤 辛味大根和え (酒井商会)

脂ののった寒ブリに
土佐醤油を含ませた辛味大根を添えて。

　　寒ブリ
　　辛味ダイコン
　　　　土佐醤油(p.71)
　　黄ユズ

1　辛味ダイコンは粗めにおろし、土佐醤油を合わせ
　　て軽く搾る。
2　ブリは厚めの平造りにして1で和える。器に盛り、
　　振りユズする。

石鯛 モロヘイヤ醤油 (酒井商会)

「おひたし＋刺身」の感覚で
モロヘイヤのとろみが移った醤油で和える。

　　イシダイ
　　モロヘイヤ醤油
　　　　モロヘイヤ、土佐醤油(p.71)
　　木の芽

1　モロヘイヤはさっと湯がいて食べやすく切り、土
　　佐醤油に漬ける。モロヘイヤのぬめり成分が液体
　　に移り、自然にとろみがつく。
2　イシダイは厚めのそぎ切りにして1の醤油をからめ
　　る。
3　2を器に盛り、1のモロヘイヤをのせて、木の芽を
　　飾る。

鰆 藁焼きの酢味噌がけ (酒井商会)

燻した香りと酢味噌は互いを引き立てる。
皮目を藁焼きしたサワラを合わせた。

　　サワラ
　　　　稲わら(燻し用)
　　酢味噌(p.86)
　　花穂紫蘇

1　サワラは皮付きのままさくにおろし、金串を扇形
　　に打つ。稲わらに火をつけて皮目だけをあぶり、
　　すぐに冷蔵庫に入れて冷ます。皮目の香ばしさを
　　残すため、水には落とさない。
2　皿に酢味噌を流し、1を厚めの平造りにして盛り付
　　ける。花穂紫蘇を飾る。

平目 昆布締め 土佐酢
蕗の薹黄身酢 (namida)

フキノトウ入りの黄身酢を皿に敷き、魚に土佐酢をかける。
2種類の酸の流れが次の料理へのつなぎになる。

　　ヒラメ
　　　　塩、昆布
　　土佐酢ジュレ
　　蕗の薹黄身酢
　　アマランサスの新芽、ワサビ(おろす)

○土佐酢ジュレ
　　かつおだし：4(360ml)
　　酢：3(120ml)
　　みりん：1(90ml)
　　淡口醤油：1(90ml)
　　かつお節(削り)　半つかみ
　　粉ゼラチン　10g(少量の水でふやかしておく)
だし、酢、みりん、淡口を合わせて火にかけて
沸かす。火を止めてかつお節を加え、完全に沈
んだらキッチンペーパーで漉す。ゼラチンを温
めて溶かして加え、冷蔵庫で冷やし固める。

○蕗の薹黄味酢
　　黄味酢
　　　卵黄　6個分
　　　酢　90ml
　　　みりん　10ml
　　　グラニュー糖　20g
　　　塩　少量
　　フキノトウ　適量
はじめに黄味酢をつくる。卵黄を溶き、材料を
加えて湯せんにかけながらよく混ぜる。少しか
たくなったら火からおろし、冷やしておく。フ
キノトウはやわらかくゆでて水にさらし、水け
をきってフードプロセッサーでペースト状に
し、黄味酢と混ぜる。

1　ヒラメはウロコをすき引きし、頭と内臓を取り除
　　く。50℃の湯で洗い、五枚におろす。軽く塩をあ
　　てて少しおいて水けをふきとる。
2　水に浸けてやわらくした真昆布（だしを引いたもの
　　を使用)で1を包み、ひと晩ほど昆布締めする。
3　2を薄造りにし、このときエンガワも切り取る。
4　器に蕗の薹黄身酢を敷き、その上に3のヒラメと
　　エンガワを盛る。上から土佐酢ジュレをかけて、
　　アマランサスの新芽、おろしワサビを添える。

伊佐木焼き霜造り
梨おろし和え(まめたん)

粗くおろした梨で白身魚を和えた一皿。
梨はやや未熟で果肉がかたい状態のものがよく、
ラ・フランスや二十世紀梨がおすすめ。

　　イサキ
　　　塩
　　二十世紀梨(未熟でかたいもの)
　　　スダチ
　　土佐醤油

○土佐醤油
　　昆布　10cm×2枚
　　濃口醤油　1升
　　酒　2.5合
　　かつお節(削り)100g
濃口と酒、昆布を火にかけて、鍋肌がふつふつ
と沸きはじめたら火からおろして、かつお節を
加える。3日ほど冷蔵庫でなじませたら、漉し
て使う。

1　イサキは三枚におろして皮付きのままさくどりす
　　る。扇状に金串を打って軽く塩をふり、皮目を直
　　火であぶって冷水にとって締める。水けをふきと
　　り、平造りにする。
2　ナシは皮をむかずに鬼おろしですりおろし、色止
　　めにスダチ果汁を搾りかける。少量の土佐醤油で
　　味をととのえ、1を和える。
3　器に盛り、小片に切ったスダチを添える。

甘鯛と筍 昆布〆（才山ノ活惣レ）

さくら鯛のあん肝巻き（才山ノ活惣レ）

トビウオの梅たたき（才山ノ活惣レ）

金目鯛 湯霜造り
青海苔土佐酢
芽葱 山葵(namida)

鰤の冷燻
ドライトマトの
出汁醤油(namida)

甘鯛と筍 昆布〆（オ山ノ活惣レ）

アマダイと新タケノコはそれぞれ昆布締めに。
昆布のうまみが海と山の素材をつなぐ。

　　アマダイ
　　　　塩、酒、昆布
　　タケノコ（生）
　　　　米ぬか、鷹の爪、塩、酒、昆布
　　木の芽、山椒塩

1　アマダイは皮を引いて三枚におろし、軽く塩をふ
　　ってキッチンペーパーで包んでひと晩おく。水け
　　が出たらふきとる。酒を染みこませた布で昆布を
　　ふいてやわらかくし、アマダイをさくのまま包ん
　　で、全体をラップで覆う。冷蔵庫で二晩ねかせる。
2　タケノコは、米ぬかと鷹の爪を入れた湯でゆでて、
　　水にとって冷ます。薄く切り、軽く塩をふってこち
　　らも二晩昆布〆にする。
3　1を薄いそぎ切りにし、2と交互に皿に盛り付ける。
　　木の芽をのせ、粉山椒と塩を合わせた山椒塩です
　　すめる。

さくら鯛のあん肝巻き（オ山ノ活惣レ）

あん肝を活〆のタイで巻いた、ぜいたくな一品。
イメージはカワハギの肝のせ。かんきつと塩ですすめる。

　　サクラダイ
　　あん肝
　　　　アンコウの肝（青森産）、塩、酒、濃口醤油
　　青ネギ、もみじおろし（ダイコン、一味唐辛子）
　　黄金柑、塩

1　あん肝をつくる。アンコウの肝は、血管に針を刺
　　して血を抜き、流水にさらして残った血を流しな
　　がら、血管や筋、薄膜を取り除く。立て塩（3%の
　　塩水）に20分間浸けたあと、酒：2と濃口：1を合
　　わせた地に15分間浸して下味をつける。これを広
　　げたラップの上にのせ、巻き上げて筒状に成形し、
　　強火の蒸し器で約10分間蒸す。そのまま冷まし、
　　落ち着いてから切り分ける。
2　活〆にした天然物のサクラダイは、三枚におろし
　　て皮を引き、薄造りにする。
3　小片に切った1のあん肝を、2のタイで巻いて皿に
　　盛り、きざんだ青ネギともみじおろし（解説省略）
　　をのせる。あん肝に淡い味がついているため、搾
　　ったかんきつと塩ですすめる。

トビウオの梅たたき（オ山ノ活惣レ）

新鮮なトビウオが入ったときに供する一皿。
薬味とともに身をたたき、梅肉を添える。

　　トビウオ（生）
　　ミョウガ、ショウガ、大葉、カイワレ菜、白すりゴマ
　　梅肉、白すりゴマ
　　トビウオの胸ビレ（乾燥させたもの）

1　トビウオは三枚におろして皮を引き、腹骨を削ぎ
　　とる。小骨が残っていたら骨抜きで抜き、約1cm
　　幅の細切りにする。
2　ミョウガ、ショウガ、大葉はそれぞれせん切りに
　　して、カイワレ菜、ゴマ、1を合わせて包丁で細
　　かくたたく。
3　皿にトビウオの胸ビレをのせて2を盛り、たたいた
　　梅肉をのせて、すりゴマをふる。

金目鯛 湯霜造り 青海苔土佐酢
芽葱 山葵(namida)

キンメダイは皮ごと味わえる湯霜造りに。
青海苔を加えた土佐酢ジュレと芽ネギですすめる。

キンメダイ
青海苔土佐酢
　土佐酢ジュレ(p.55)：2
　生青海苔：1
芽ネギ、ワサビ（おろす）、花穂紫蘇

1　キンメダイはウロコを落とし、頭と内蔵とアラをと
　　り除いて50℃の湯で洗う、三枚におろして皮付き
　　のまま半身にし、骨はすべて取り除く。皮に切れ
　　目を入れておく。

2　1の皮目を上にして布巾をかぶせ、その上から熱
　　湯をかけて、すぐに氷水にとる。水けをふきとり、
　　そぎ切りにする。

3　青海苔入りの土佐酢ジュレをつくる。土佐酢ジュ
　　レをつくるとき、ゼラチンを入れて固まる前に生
　　の青海苔を加えてよく混ぜる。土佐酢に対して約
　　半量が目安で、入れ過ぎに注意する。

4　2を皿に盛り、3を流して芽ネギと花穂紫蘇をあし
　　らう。おろしワサビを添える。

鰤の冷燻
ドライトマトの出汁醤油(namida)

脂ののった寒ブリは燻香をまとわせて、
ドライトマトの自然なうまみと酸味を合わせた。

ブリ
　塩：1、グラニュー糖：1
　稲わら
ドライトマトジュレ
マイクロデトロイト
ドライトマトの土佐和え
　ドライトマト（下記のジュレで使ったもの）、
　かつお節（削り）、淡口醤油

○ドライトマトジュレ
　ドライトマト　2個
　水　300ml
　みりん　少量
　淡口醤油　少量
　粉ゼラチン　3g(少量の水でふやかしておく)
ドライトマトをきざみ、水に浸けて充分にもど
したら漉す。煮切ったみりんと淡口で味をとと
のえ、ゼラチンを温めて加えて冷蔵庫で冷やし
固める。

1　ブリはさくどりして皮を引く。塩とグラニュー糖を
　　同割で合わせたものを全面にまぶしつけ、20分間
　　おいて脱水させる。洗って水けをふきとる。

2　1の皮を引いて厚めのそぎ切りにし、稲わらで冷
　　燻する。大きな空き缶の下に空気穴を開けておき、
　　缶の中に稲わらをいれ、火を付けて煙が出たら缶
　　の上に網を置き、ブリをのせてボウルで蓋をして
　　軽く燻す(燻製器でも可)。

3　2を皿に盛り、ドライトマトジュレをかける。マイ
　　クロデトロイトとドライトマトの土佐和え（解説省
　　略)を添える。

真蛸 58℃蒸し
もやし醤油と青唐辛子オイル
（namida）

障泥烏賊 50℃蒸し 湯引き
ヒマラヤ岩塩と酢橘
（namida）

あおりいかと菊芋の梅和え（酒井商会）

水蛸の55℃しゃぶしゃぶ
握り 梅塩（namida）

真蛸 58℃蒸し もやし醤油と青唐辛子オイル(namida)

低温蒸しで、中は半生に仕上げつつ、
火入れによるうまみを引き出した。
表面をあぶり、タコの香りと食感を立たせている。

 マダコ（活）
  塩
 ワラビ（生）
 フキ
 もやし醤油
 青唐辛子オイル
 紫芽

○もやし醤油
モヤシは生のまま素揚げし、充分に水分が抜けるまで揚げたら油をきり、フードプロセッサーにかけてペースト状にする。淡口醤油で味をととのえる。油のコクが加わり、ドレッシングのような味わい。

○青唐辛子オイル
綿実油、または太白ゴマ油などクセのない油と青唐辛子をミキサーで回し、ひと晩そのままおく。翌日、サラシで漉すが、絞らずに自重で滴り落ちるのを待つ。このオイルは一度も加熱しないため、冷蔵保存して使う。

1 タコは塩をせず活きたまま冷凍庫に入れる。翌日、凍った状態で流水解凍してから塩もみし、ぬめりを完全に取り除く（活け締めにしてから塩でぬめりをとってもよい）。蒸しやすい形状にさばき、58℃の蒸し器で40分間ほど蒸す。そのまま冷ます。

2 ワラビとフキは50℃の湯で洗う。ワラビは適宜に切り、重曹をふりかけて熱湯を注ぎ、ホイルで覆ってアクを抜く。洗って水けをとる。フキはさっと湯がいて冷水にとって皮をむき、淡口醤油で加減しただしに浸けておく。

3 2のフキを食べやすく切って器に盛り、もやし醤油を流す。1のタコの表面をバーナーであぶり、食べやすくさざ波切りにして盛り合わせ、上から青唐辛子オイルをたらす。ワラビの穂先と紫芽をあしらう。

障泥烏賊 50℃蒸し 湯引きヒマラヤ岩塩と酢橘(namida)

低温蒸しにより、イカはサクッとした新食感に。
山の岩塩を合わせることで、海の素材が際立つ。

 アオリイカ
 ヒマラヤ岩塩（板）
 スダチ、大葉（細切り）、花穂紫蘇

1 イカはさばいて50℃の湯で洗う。50℃の蒸し器で30分間ほど蒸して、あら熱がとれたら冷蔵庫に入れ、2時間からひと晩ほど風干しして軽く脱水させる。

2 ゲソは別にとりおき、塩と酒を加えた湯でさっとゆでて冷水にとる。

3 1の表面に鹿の子に切り目を入れ、食べやすく切る。

4 岩塩のプレートに2と3をのせ、スダチと大葉、花穂紫蘇を添える。食べるときは岩塩の上でスダチを搾り、そこにこすりつけるようにすすめる。

あおりいかと菊芋の梅和え（酒井商会）

アオリイカのねっとりとした食感と
シャキシャキとした生の菊芋の対比がユニーク。
ほんのりと香るごく少量の梅肉でまとめた。

　　　アオリイカ
　　　キクイモ
　　　　塩
　　　梅干し
　　　紫芽

1　アオリイカはさばいて細切りにする。
2　キクイモはスライサーでごく薄く切り、軽く塩もみ
　　して絞り、水けをきる。
3　梅干しをたたいて梅肉をつくり、1と2を和える。
4　器に盛り、紫芽を飾る。

水蛸の55℃しゃぶしゃぶ 握り　梅塩（namida）

ミズダコは湯にくぐらせて、歯切れよく仕上げた。
梅の酸味ではじまり、柚子胡椒の香りがパッと広がり、
タコとシャリのうまみで終わる。

　　　ミズダコの足
　　　　塩
　　　酢飯
　　　　ご飯
　　　　すし酢
　　　　　酢　450ml(90)
　　　　　砂糖　250g(50)
　　　　　塩　100g(20)
　　　　　柚子胡椒(p.13)
　　　梅塩

1　ミズダコの足は吸盤などを切りはずして、中心部
　　だけにする。50℃の湯で洗って冷水で締める。
2　炊きたてのご飯にすし酢を合わせて酢飯をつくり
　　（解説省略）、冷ましておく。
3　1を薄造りにして、鹿の子に包丁をいれ、55℃の
　　湯にくぐらせてしゃぶしゃぶにする。氷水にとった
　　あと、水けをしっかりふきとる。
4　3に柚子胡椒をごく少量のせ、2を合わせて握る。
　　皿に盛り、少量の梅塩をふる。

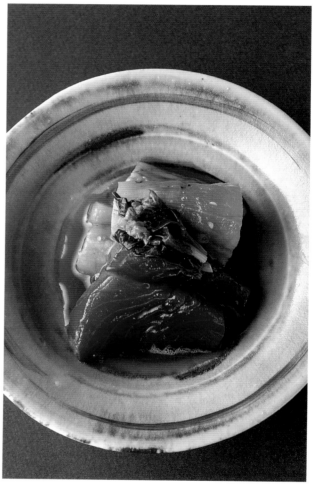

鰹の藁焼き 唐辛子麹 (創和堂)

漬け鰹と焼き茄子の黄身醤油 (酒井商会)

カツオたたき
新玉ネギのソース（オ山ノ活惣レ）

初鰹とトマトの寄せ 自家製
からし 焙じ茶で練った芥子
（namida）

鰹の藁焼き 唐辛子麹(創和堂)

藁焼きにしたカツオにキリッとした辛味噌を合わせた。
和風豆板醬ともいえる味で、酒の肴にぴったり。

　　カツオ
　　　塩、稲わら
　　唐辛子こうじ(島根・久保田味噌麹店製)
　　みりん(煮切り)、濃口醬油
　　芽ネギ

1　カツオは皮を残してさくにおろし、皮目を針打ち
　　する。皮目に軽く塩をふり、金串を扇形に打つ。
　　炭火の上に稲わらをのせ、煙が出てきたらカツオ
　　をかざして全体を燻す。藁に火がついたら皮目の
　　みをあぶる。
2　「唐辛子こうじ」は味噌たまりにニンニクと唐辛子
　　を効かせた調味料で、みりんと濃口を加えて味を
　　ととのえる。
3　1のカツオを厚めの平造りにし、2と適宜に切った
　　芽ネギをのせて皿に盛る。

漬け鰹と焼き茄子の
黄身醬油(酒井商会)

前菜にも、お造りにもなる一皿。
焼きナスと漬けにしたカツオを黄身醬油でまとめた。

　　カツオ
　　　土佐醬油(p.71)
　　ナス
　　　八方地
　　花ワサビ
　　　浸し地
　　黄身醬油
　　　卵黄、土佐醬油

○浸し地
かつおだし：9、濃口醬油：1、みりん：1の割
で合わせて火にかける。アルコール分をとばし、
冷ます。

1　カツオは厚めのそぎ造りにして、土佐醬油に10〜
　　15分間ほど漬ける。
2　ナスは丸のまま直火で焼き、皮をむいて翡翠にす
　　る。八方地(解説省略)に漬け、提供前に引き上げ
　　て食べやすく切る。
3　花ワサビは80℃の湯でさっとゆでて、浸し地に浸
　　けておく。
4　卵黄を土佐醬油で溶いて黄身醬油とする。
5　器に1と2を盛り、4の黄身醬油を流す。彩りに3
　　をのせる。

カツオたたき
新玉ネギのソース（オ山ノ活惣レ）

カツオと相性のよいタマネギを炒めてソースに。
ワインによく合うカツオのたたき。

カツオ
　塩
新タマネギのソース
　新タマネギ、オリーブ油、塩、淡口醤油
辛子マヨネーズ
　マヨネーズ、練り辛子

1　カツオは三枚におろし、皮をつけたままさくとりする。皮側に多めに塩をふり、金串を扇形に打って皮目のみを直火であぶる。すぐに冷水にとって冷まし、水けを拭きとる。
2　新タマネギはスライスし、オリーブ油で色づかないように炒めて、ミキサーにかけてソースとする。少量の塩と淡口で味をととのえる。
3　皿に2のソースを敷き、約1cmの厚切りにした1をのせる。マヨネーズに辛子を混ぜた辛子マヨネーズを縁に流し、季節の青みを飾る。

初鰹とトマトの寄せ
自家製かえし
焙じ茶で練った芥子（namida）

カツオに添えたトマトの寄せは「固形のソース」。
調味料であり、付け合わせでもある。

カツオ
　塩

トマトの寄せ
　粉ゼラチン（少量のトマトジュースでふやかしておく）　5g
　トマトジュース　380ml
　粉寒天　2g
　みりん　25ml
　淡口醤油　25ml
　大葉（きざむ）　適量
自家製かえし
クレスのスプラウト
辛子（粉）、ほうじ茶

○**自家製かえし**
　濃口醤油：5
　みりん（煮切り）：1
　三温糖：1
材料をすべて合わせて弱火にかけ、鍋のフチにアクが出てきたら（約85℃）火からおろし、そのまま冷まして保存する。

1　トマトの寄せをつくる。粉ゼラチンに少量のトマトジュースを混ぜてふやかしておく。
2　鍋に粉寒天とみりん、淡口を合わせて火にかけ、寒天を煮溶かして火からおろす。1をレンジで溶かして加え、トマトジュースを少量ずつ合わせてのばし、大葉を加えて流し缶で冷やし固める。
3　カツオは三枚におろし、表面に軽く塩をふる。金串を扇形に打って直火にかざし、皮目はしっかり、身は軽くあぶってたたきにする。
4　3を厚切りにし、これと同じ厚さに2を切り出し、交互に皿に盛る。自家製かえしを少量かけ、クレスのスプラウトをあしらい、ほうじ茶で練った辛子を添える。

鮪のトロたく
海苔の香り（まめたん）

蓮根
スモークサーモン
マンゴー黄身酢かけ
（namida）

桜鱒ルイベ 黄身酢
（創和堂）

本鮪 行者にんにく
醤油和え
（酒井商会）

鮪のユッケ風（まめたん）

鮪のトロたく 海苔の香り(まめたん)

人気のトロたく巻きから着想した一皿。
たくあんの塩けと食感が小気味よい。
バラ海苔は乾煎りして香りを立たせる。

マグロのカマとろ(脂の多い部位から赤身まで)
土佐醤油(p.55)
ワサビ(おろす)
ショウガ(おろす)
大葉(小角に切る)
たくあん(4mm角)
バラ海苔

1 マグロのカマとろは約1cm角に切る。少量の土佐
　醤油で下味をつけ、仕上げに軽く塩をふる。
2 1におろしワサビとショウガ、大葉を混ぜて味をと
　とのえる。4mm角に切ったたくあんも加える。
3 2を器に盛り、乾煎りしたバラ海苔をたっぷりと散
　らす。

蓮根 スモークサーモン
マンゴー黄身酢かけ(namida)

旬のマンゴーを加えた黄味酢が主役。
南国フルーツ特有の香りと甘みが
脂ののったスモークサーモンを引き立てる。

スモークサーモン(フィレ)
マンゴー黄味酢
レンコン
　甘酢
　　砂糖：1

酢：2
水：1
赤唐辛子(輪切り)：適宜
花穂紫蘇

○マンゴー黄味酢
マンゴーの果肉をフードプロセッサーにかけて
ピュレ状にし、黄味酢(p.12)と混ぜる。

1 甘酢の材料を混ぜ合わせ、溶かしておく。
2 レンコンは、酢を入れた湯でやわらかくなり過ぎ
　ない程度にゆでる。花れんこんに切り、5mm厚さ
　にスライスして1に浸ける。
3 スモークサーモンはそぎ切りにし、器に盛る。2の
　レンコンを添え、マンゴー黄味酢を流し、花穂紫
　蘇を散らす。

桜鱒ルイベ 黄身酢(創和堂)

ピーナッツ油と濃いめのだしで仕上げた
コクのある黄味酢をサクラマスに合わせた。
たっぷりの木の芽と一緒に味わう。

サクラマス
　土佐醤油
黄味酢
　卵黄　2個分
　ピーナッツ油　20g
　太白ゴマ油　20g
　だし　35ml
　　(通常の5倍量の削り節を加えたもの)
　酢　20g
　三温糖　15g
　淡口醤油　7g
木の芽

1 黄味酢をつくる。卵黄を溶き、ピーナッツ油と太
　白ゴマ油を少しずつ加えて乳化させる。だし、酢、
　三温糖、淡口を加えてさらに混ぜ、湯せんにかけ

て流れないくらいのかたさになればでき上がり。
裏漉して、冷やしておく。

2 サクラマスはさくにおろし、冷凍庫で凍らせてル
イベにする。半解凍したものを厚めのそぎ切りに
し、表面に土佐醤油(p51)をサッと塗る。

3 器に盛り、1の黄味酢をかけてたっぷりの木の芽を
盛る。

本鮪 行者にんにく醤油和え<small>(酒井商会)</small>

行者ニンニクの香りを移した醤油だれ。
素揚げすることで特有の辛みとアクを抜き、
さらに油のコクがプラスされて食べやすくなる。

　　本マグロ
　　行者にんにく醤油
　　　行者ニンニク、揚げ油、土佐醤油
　　花穂紫蘇

○土佐醤油
　　濃口醤油　2.4リットル
　　みりん　600ml
　　酒　600ml
　　昆布　30g
　　かつお節(削り)　90g
濃口、みりん、酒、昆布を合わせて沸かし、火
を止めたらかつお節を加えてそのまま冷ます。
冷めてから漉す。

1 行者ニンニクは掃除をして小口に切り、熱した油
で素揚げする。すぐに土佐醤油に浸けて、香りと
うまみを移す。

2 マグロは角造りにし、1を絡めて皿に盛る。花穂
紫蘇を散らす。

鮪のユッケ風<small>(まめたん)</small>

マグロのカマの付け根は赤身肉のような味わい。
ワサビ醤油とゴマ油でユッケ風に。

　　マグロのカマの付け根やホホ肉
　　(赤身肉に近い部位)
　　　濃口醤油
　　　ワサビ(おろす)
　　　焙煎ゴマ油
　　卵黄
　　新ショウガ(細切り)
　　木の芽、白煎りゴマ

1 マグロのカマの付け根はスジを取り、1.5〜2cm角
に切る。

2 濃口におろしワサビとゴマ油を混ぜて、1を和える。

3 2を器に盛り、溶いた卵黄を上からかける。新ショ
ウガのせん切りと木の芽を飾り、ゴマをふる。

赤貝 林檎ぅろし
実山椒オイル（namida）

岩牡蠣のなめろう（創和堂）

蛤と独活の南蛮仕立て（創和堂）

帆立の昆布締め、
叩きオクラの
茄子素麺（の弥七）

帆立の昆布締め、
叩きオクラの茄子素麺（の弥七）

ナスの素麺仕立てに昆布締めのホタテを合わせた。
ホタテはバーナーであぶると昆布のぬめりが抑えられて
作業性がよくなり、身も引き締まってうまみが増す。

　　ホタテ貝柱
　　　塩、昆布
　　赤ナス
　　　くず粉
　　かつおだし
　　　塩、淡口醤油
　　オクラ
　　新ショウガ
　　キュウリ
　　花穂紫蘇

1　ホタテは軽く塩をあてて脱水させ、水けをふきと
　　る。バットに氷を敷き詰め、その上にホタテを並
　　べて上面をバーナーであぶる。裏返して反対側も
　　同様に。氷の上であぶると身に火が入り過ぎず、
　　またあぶることで昆布締めにしたときにぬめりが出
　　にくくなる。軽く水で湿らせた布で板昆布をふき、
　　ホタテをはさんで1日昆布締めにする。
2　赤ナスは皮をむいて細切りにし、1時間ほど水に浸
　　けてアク抜きする。ザルにあけて水けをふきとり、
　　くず粉をまぶしてたっぷりの湯で30秒間ほどゆで
　　たら、すぐに冷水に落として締める。
3　かつおだしは冷やして塩と淡口で調味する。
4　オクラはさっとゆでて細かくたたく。新ショウガは
　　みじん切りにする。キュウリは種を除いて小角に
　　切る。
5　冷やしておいた器に2のナスを入れ、食べやすく
　　切った1のホタテをのせる。3のだしを流し、4の
　　オクラ、新ショウガ、キュウリを盛り込む。花穂
　　紫蘇を散らす。

赤貝 林檎おろし
実山椒オイル（namida）

春のアカガイに、同じ季節の山椒の香りを添えて。
紅玉をすりおろしたリンゴ酢でさっぱりと。

　　アカガイ
　　おろし林檎酢
　　実山椒オイル
　　紫芽

○おろし林檎酢
　　リンゴ（紅玉）
　　リンゴ酢
紅玉は皮ごとすりおろし、好みの量のリンゴ酢
を合わせる。

○実山椒オイル
　　山椒の実
　　綿実油
山椒の実は3回ゆでこぼす（このまま冷凍保存
可）。綿実油（または太白ゴマ油）とともにミキサ
ーで回し、ひと晩おいてサラシで漉す。絞らず
に自重で滴り落ちるのを待つ。冷蔵保存して使
う。

1　アカガイはヒモをはずし、塩でよくもみ洗いして
　　ぬめりをとる。身は開いてワタの部分をはずし、
　　塩水でさっと洗う。盛り付ける直前に飾り切り（身
　　に切り込みを入れる）をし、まな板に叩きつけて身
　　を引き締める。
2　器におろし林檎酢と1を盛る。実山椒オイルをふ
　　り、紫芽をあしらう。

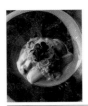

岩牡蠣のなめろう（創和堂）

カキらしい香りのヒダの部分を合わせて、なめろう風に。
ピーマンの青い香りがアクセントになり、
カキのうまみを際立たせる。

> 岩ガキ（身の部分）
> 　八方だし
> 合わせ味噌
> 　岩ガキ（上記を切り取った残り）　100g
> 　山吹味噌（長野・信州味噌製）　100g
> 　長ネギ（みじん切り）　32g
> 　ピーマン（みじん切り）　40g
> 　ショウガ（おろす）　5g
> ミョウガ、レモン、紫芽

1　岩ガキは殻をむき、身の部分とそれ以外とに分ける。身は薄めた八方だしに浸ける。
2　1で切り取った岩ガキのヒダや貝柱を細かくたたき、味噌、みじん切りにした長ネギとピーマン、おろしたショウガを混ぜて合わせ味噌ををつくる。
3　1を食べやすく切って器に盛り、2をかけ、レモンを搾りかける。薄切りにしたミョウガと紫芽をのせる。

蛤と独活の南蛮仕立て（創和堂）

鮮度のよいハマグリは半生に揚げるのがポイント。
揚げたてに南蛮地をかけて、ひと味違う仕立てに。

> ハマグリ（殻付き）
> ウド
> 　強力粉、揚げ油
> 南蛮地
> 　だし　720ml
> 　酢　180ml
> 　三温糖　150g
> 　淡口醤油　40ml
> 　ショウガ（薄切り）　2枚
> 　鷹の爪　1本
> アオサ海苔

1　南蛮地をつくる。だし、酢、三温糖、淡口を合わせて火にかけ、ショウガと鷹の爪を加えてひと煮立ちさせる。
2　ハマグリは殻をむいて水けをふきとる。多めに粉をまぶしつけ、熱した油で揚げる。このとき火を通し過ぎないよう、ギリギリ火が入ったくらいで上げる。ウドは皮をむき、薄く粉をまぶして同じく熱した油で揚げる。
3　2を器に盛り、すぐに1の地をかける。アオサ海苔を天に盛り、できたてを提供する。

鮎魚女の胡瓜ソース（の弥七）

平目の昆布〆 雲丹和え（まめたん）

鯛の湯引き 唐墨オイル漬け
（namida）

白魚麹和え 木の芽酢飯
（namida）

干物と葡萄の和え物
（の弥七）

トラフグのとも和え 白子ソース
（才山ノ活惣レ）

鮎魚女の胡瓜ソース (の弥七)

アイナメを焼き霜造りにした冷製スープ仕立て。
干シイタケとかつおの味わい深いだしに、
キュウリの爽快感がアクセント。

アイナメ
　塩
干シイタケのもどし汁
かつおだし
　塩、淡口醤油
トマト(湯むき)
キュウリ(おろす)
松の実、ミョウガ

1　アイナメは皮付きのまま三枚におろしてさくどり
　し、軽く塩をふって脱水させる。水けをふきとり、
　皮目をバーナーであぶって焼き霜造りにする。

2　干シイタケのもどし汁とかつおだしを合わせて沸
　かし、塩と淡口醤油で調味する。湯むきして種を
　除いたトマトを加え、よく冷やしておく。

3　冷やしておいた器に1を盛り、2のだしをトマトご
　と流す。提供直前にすりおろしたキュウリを回し
　かけ、松の実と薄切りのミョウガをあしらう。

平目の昆布〆 雲丹和え (まめたん)

ヒラメの昆布締めを相性のよいウニで和えた。
大葉と青ユズでさわやかな口あたりに。

ヒラメ
生ウニ(ミョウバン不使用)
　土佐醤油(p.55)
　ワサビ(おろす)

大葉(細切り)
青ユズ
紫芽

1　ヒラメは五枚におろし、さくのまま湿らせた昆布
　にはさんで1〜2時間昆布締めにする。そぎ切りし、
　エンガワも使う。

2　ウニに土佐醤油、おろしワサビ、大葉を合わせて
　味をととのえ、1を和える。

3　2を器に盛り、振りユズをして、紫芽をのせる。

鯛の湯引き
唐墨オイル漬け (namida)

カラスミの端はオイル漬けにして有効活用。
魚卵の濃厚なうまみに黒酢を加えた深い味わい。

マダイ
唐墨黒酢オイル
　カラスミ(自家製した端の部分)　130g
　E.V.オリーブ油　290g(330ml)
　黒酢　50g(50ml)
ハスイモ

1　カラスミオイルをつくる。自家製でつくるヒラメや
　タイのカラスミは、端の部分を集めて、薄皮をむ
　いておく。黒酢とともにフードプロセッサーにかけ
　てなめらかに回し、オリーブ油を少量ずつ加えて
　乳化させるように仕上げる。

2　タイはウロコと頭とアラと内蔵を取り(水洗い)、
　50℃の湯で洗い、三枚におろして皮を残したまま
　さくどりする。皮目を上にして布巾をかぶせ、そ
　の上から熱湯をかけてすぐに冷水にとる。水けを
　ふきとり、厚めのそぎ切りにする。

3　2を1に浸ける。すぐに食べられるが、1〜2日漬け
　込むと味に深みが出てくる。

4　3を器に盛りつけ、薄切りのハスイモを添える。

白魚麹和え
木の芽酢飯(namida)

北海道産シラウオの塩麹和え。
シャリ玉に木の芽を混ぜたお凌ぎメニュー

シラウオ(生)
　塩麹(自家製)
酢飯
　ご飯、すし酢(p.63)、木の芽
木の芽(飾り用)

1　シラウオは少量の塩麹で和える。自家製の塩麹は、塩をしっかりと効かせたもので、熟成させて麹特有の甘さを引き出したもの。
2　炊きたてのご飯にすし酢を合わせて酢飯をつくる(解説省略)。ちぎった木の芽はシャリ玉を握る直前に加える。
3　2を器に盛り、1をのせる。木の芽を天に盛る。

干物と葡萄の和え物(の弥七)

干物とブドウ、菊花のおろし和え。
カマスのほか、アジやサバなどもおすすめ。

カマス(生)
　塩
ダイコン(おろす)
菊の花
ブドウ
土佐酢
　水　700ml
　淡口醤油　120ml
　酢　300ml

みりん　200ml
かつお節(削り)　ひとつかみ
木の芽

1　カマスは開いて塩をふり、日の当たる風通しのよい場所で1日から数日干して干物にする。焼き台で香ばしく焼いて皮と骨を除き、身をほぐす。
2　ダイコンはすりおろして軽く絞る。菊の花はさっとゆでて酢水にとって絞る。ブドウは皮をむき、種があれば除く。
3　1と2を合わせて土佐酢で和え、器に盛る。木の芽を飾る。

トラフグのとも和え
白子ソース(オ山ノ活惚レ)

トラフグは身をあぶってたたきにし、
白子はクリームを加えてソースにする。

トラフグ(上身、皮、トオトウミ)
　塩
トラフグの白子
　塩、生クリーム
万能ねぎ、花穂紫蘇

1　トラフグの上身は軽く塩をふり、表面をさっと炭火であぶって冷水にとり、水けをふきとって厚めの薄造りにする。皮とトオトウミも湯がいて細切りにする。
2　トラフグの白子は塩水に15〜20分間ほど浸け、軽くゆでてから裏漉しする。少量の塩と生クリームを加えて味をととのえる。
3　器に2のソースを流し、1のフグの身と皮、トオトウミを盛り付ける。小口切りの万能ねぎをのせて花穂紫蘇を散らす。好みでポン酢、またはちりポン酢を添える。

ぼたん海老の
紹興酒漬け（の弥七）

毛蟹純米酒漬け
（創和堂）

毛ガニのつまみ巻き
（才山ノ活惣レ）

甘海老と千枚蕪の
塩昆布和ゑ（酒井商会）

八一

ぼたん海老の紹興酒漬け(の弥七)

紹興酒漬けのポイントは何より素材の鮮度。
熟成酒に大葉やユズ皮を加えて香り高く仕上げた。

　　ボタン海老(生)
　　卵黄(凍らせたもの)
　　紹興酒の浸け地
　　　　紹興酒(15年物)　400ml
　　　　濃口醤油　350ml
　　　　砂糖　大さじ1
　　　　大葉　50枚
　　　　黄ユズの果皮　1個分
　　大葉(飾り用)
　　黄ユズ

1　漬け汁をつくる。紹興酒と濃口を合わせ、少量の
　　砂糖を加えて醤油のカドをとる。大葉とユズ皮を
　　きざんで加え、ひと晩おく。
2　卵は殻つきのまま冷凍庫にひと晩入れて凍らせ、
　　翌日溶かして殻をむき、卵白を取り除く。卵黄の
　　みを使う。
3　新鮮なボタン海老は殻つきのまま1に6時間ほど漬
　　ける。2も同様に漬ける。
4　3のエビを引き上げて頭を外し、身の殻をむく。器
　　に大葉を敷き、頭と身(あれば卵も)、卵黄を盛り
　　付ける。振りユズする。

毛蟹純米酒漬け(創和堂)

「酔っぱらい海老」の日本酒バージョン。
毛ガニはごく短時間蒸して半生に仕上げ、
濃厚なうまみと酸味の熟成純米酒に漬ける。

　　毛ガニ(活。約700g)
　　純米酒の浸け地
　　　　だし　360ml
　　　　熟成純米酒(広島・竹鶴酒造)　240ml
　　　　濃口醤油　45ml
　　　　淡口醤油　40ml
　　　　三温糖　50g

1　浸け地をつくる。材料を合わせ、ひと煮立ちさせ
　　る。
2　活けの毛ガニをさばき、肩肉(胴)を付けて脚を切
　　り分ける。脚の殻の一部を削ぎとって身を露出さ
　　せ、バットに並べ、蒸気の上がった蒸し器でごく
　　短時間(1分間〜1分30秒ほど)蒸して表面にのみ火
　　を入れる。カニみそは甲羅に入れて3〜4分間蒸す。
3　蒸し上がったカニはすぐに1の浸け地に浸ける。
　　半日ほど漬けると、とろりとした特有の食感に仕
　　上がる。肉に味が入ればでき上がり。
4　3を浸け地から引き上げ、カニみそとともに器に盛
　　り付ける。少量の浸け地を流す。

毛ガニのつまみ巻き（オ山ノ活惚レ）

毛ガニと甘エビを海苔とキュウリで巻き、
カニみそとキャビアを添えた一品。
薄切りのキュウリが食感のアクセント。

　　　毛ガニ
　　　　塩
　　　甘エビ
　　　海苔
　　　キュウリ
　　　ショウガの甘酢漬け
　　　すりゴマ、かつお節
　　　カニみそ、キャビア
　　　黄味酢

○黄身酢
　　卵黄　2個分
　　砂糖　10g
　　千鳥酢　15ml
　　淡口醤油　5ml
材料を合わせて湯せんにかけ、とろりとなるまで10分間ほど練る。

1　毛ガニは塩水でゆでて、さばいて身をほぐしておく。カニみそは別にとりおく。甘エビは頭を取り、殻をむく。

2　キュウリは縦にごく薄くスライスする。軽く塩を振り、出てきた水けをふきとる。

3　巻き簾にあぶった海苔をおき、2のキュウリを全面に敷いて、すりゴマをふる。1の毛ガニと甘エビ、薄切りにしたショウガの甘酢漬け（ガリ）をのせ、かつお節とすりゴマをふる。断面が四角くなるように巻き簾で巻いて、しばらくおいて落ち着かせる。

4　3を約1cm幅に切り、切り口が上になるよう皿に並べる。上に1のカニみそとキャビアを交互にのせる。黄味酢を流す。

甘海老と千枚蕪の塩昆布和え（酒井商会）

甘海老のマリネとカブの千枚漬を合わせた一皿。
シンプルだが互いのやさしい甘みが重なり、
食感のコントラストも楽しい。

　　　聖護院カブ
　　　　塩
　　　浸け地
　　　　塩、砂糖、酢、昆布、唐辛子
　　　甘エビ
　　　　塩、太白ゴマ油
　　　塩昆布
　　　聖護院カブの葉
　　　黄ユズ

1　聖護院カブを薄く切り、千枚漬けの要領で塩もみして軽く絞る。砂糖、塩、酢、昆布、唐辛子を合わせた地に浸ける。ほどよく漬かったら引き上げ、食べやすく切る。

2　甘エビは殻と尾を除き、塩と太白ゴマ油でマリネする。

3　提供時に1と2を合わせ、塩昆布で和える。

4　器に盛り、さっとゆでてきざんだ聖護院カブの葉と、せん切りにしたユズ皮をのせる。

酔っぱらいホタルイカ
（オ山ノ活惣レ）

燻製蛍烏賊と芽キャベツのぬた
（酒井商会）

ホタルイカのチョレギ風サラダ
（オ山ノ活惣レ）

蛍烏賊と木の芽 ペースト
（namida）

酔っぱらいホタルイカ (才山ノ活惚レ)

「酔っぱらい海老」のホタルイカ版。
沖漬け感覚で、酒のアテに最適。

> ホタルイカ(生)
> 紹興酒の浸け地
> 　紹興酒：1
> 　浸け地：1
> 　ショウガ(みじん切り)、ニンニク(みじん切り)、
> 　赤唐辛子
> ダイコン(おろす)

※ホタルイカには旋尾線虫の幼虫がいる可能性
があるため、生食の場合は凍結処理したものが
望ましい。

○浸け地
濃口醤油：5、みりん：3、酒：1を合わせて沸かし、
冷ましておく。マグロのヅケなどにも使う。

1　生のホタルイカは眼とクチバシ、軟骨を抜き取り、
　流水でよく洗う。
2　浸け地をつくる。紹興酒と浸け地を同割で合わせ、
　みじん切りのショウガとニンニク、輪切りの赤唐
　辛子を加える。1を入れて2日間ほど漬け込む。
3　2を器に盛り、さらしで絞ったダイコンおろしを添
　える。季節の青みをあしらう。

燻製蛍烏賊と
芽キャベツのぬた (酒井商会)

酢味噌と燻製香の相性のよさから発想した一皿。
冷燻はスモークガンを使えば手軽にできる。

> ホタルイカ(浜ゆで)
> 　スモークガン
> 芽キャベツ
> 酢味噌
> 　西京味噌(裏漉しタイプ)　2kg
> 　卵黄　3個分
> 　酒　1合
> 　みりん　1合
> 　土佐酢(p.91)
> 　穀物酢　各適量
> 　練り辛子　少量
> 木の芽

1　ホタルイカは眼とクチバシ、軟骨を取り、ビニー
　ル袋などに入れて、スモークガンで煙を注ぎ入れ
　て15〜20分間ほど冷燻にかける。燻製香はほんの
　り香る程度でよい。
2　酢味噌の元になる玉味噌をつくる。西京味噌に卵
　黄を混ぜ、酒とみりんを加えて火にかける。中心
　がポコポコと沸くまで練り続け、卵黄に火が入っ
　て照りが出たら火からおろす。冷めてから、この
　玉味噌に土佐酢と穀物酢、練り辛子を加えて酢味
　噌を仕上げる。
3　芽キャベツは軽くゆでて水けをきり、食べやすく
　切る。
4　皿に1と3を盛り付け、2の酢味噌をかけて木の芽
　を飾る。

ホタルイカの
チョレギ風サラダ (オ山ノ活惣レ)

ホタルイカと春野菜のサラダ仕立て。
チョレギドレッシングはどんな魚介も合わせやすい。

> ホタルイカ(浜ゆで)
> 菜の花
> 新タマネギ
> ワカメ
> チョレギドレッシング
> 韓国海苔、糸唐辛子
>
> ○チョレギドレッシング
> 　ゴマ油　90ml
> 　千鳥酢　90ml
> 　塩　5g
> 　ニンニク(おろす)　5g
> 　ショウガ(おろす)　5g
> 　白すりゴマ　19g

1 浜ゆでのホタルイカは、眼とクチバシ、軟骨を取り除く。

2 菜の花は3〜4cm長さに切り、新タマネギはくし形にカットして、それぞれ軽くボイルする。ワカメはもどして食べやすく切る。

3 チョレギドレッシングの材料を混ぜ合わせておく。

4 ボウルに1と2を合わせ、3のチョレギドレッシングで和える。器に盛り、韓国海苔をちぎってのせ、糸唐辛子を飾る。皿の縁にもドレッシングを流す。

蛍烏賊と木の芽　ペースト (namida)

ホタルイカのワタを活かし、なめろう感覚で味わう一皿。
盛り付けは「そば味噌」のイメージで。

> ホタルイカ(浜ゆで)
> 木の芽
> 塩
> E.V.オリーブ油(できれば国産)
> 木の芽(飾り用)

1 ホタルイカは50℃の湯で洗い、目とクチバシ、軟骨をとる

2 木の芽は葉をしごいておく。

3 1と2、少量の塩を合わせてフードプロセッサーにかける。途中、オリーブ油を少量ずつ加えてなめらかに仕上げ(乳化させるイメージ)、塩で味をととのえる。ここでは香りがおだやかな国産オリーブ油を使った。容器に移し、酸化しないよう上面をたっぷりのオリーブ油で覆って空気を遮断する。

4 提供時は小さな杓文字に塗り付けるようにとり、器にのせ、木の芽を飾る。

茶振り海鼠と
ブラッドオレンジ
酢の物（namida）

海鼠と干し柿
よだれ鶏風たれ（の弥七）

なまこの梅酢ぉろし（酒井商会）

小肌ガリ紫蘇巻き（オ山ノ活惣レ）

茶振り海鼠とブラッドオレンジ
酢の物(namida)

茶ぶりナマコの歯ごたえが後を引く。
ブラッドオレンジの複雑な苦味と酸味が
ナマコのほのかな苦みとミネラル感を引き立てる。

赤ナマコ
　塩、ほうじ茶
ブラッドオレンジ
ナマコ酢
　だし：10
　みりん：0.5
　砂糖：1.5
　酢：4
　濃口醤油：1.5
ウド(小角切り)

1　ナマコ酢の材料を合わせて沸かし、冷ましておく。

2　ナマコの口を切り、腹側から開いて内蔵をとる。
　端から4〜5mm幅に切り分けてまな板の上に置き、
　薄塩をふり、上からザルをかぶせてまな板の上で
　転がす。洗ってぬめりをとり、65〜70℃のほうじ
　茶にザルごと入れ、好みのやわらかさになるまで
　振り洗い(茶ぶり)する。1に入れて冷やす。

3　ブラッドオレンジは皮をむいて薄皮を除く。

4　器に2と3を交互に並べてナマコ酢をかけ、小角に
　切ったウドを散らす。

海鼠と干し柿
よだれ鶏風たれ(の弥七)

輪切りにしたナマコをバーナーであぶると、
生とも茶ぶりとも違う新食感で歯切れもよくなる。
よだれ鶏のたれをからめた。

赤ナマコ
　塩
キュウリ
干し柿(市田柿)
よだれ鶏風のたれ
　たまり醤油　100ml
　太白ゴマ油　100ml
　紹興酒　50ml
　砂糖　50g
　ラー油　30ml
　中国黒酢　15ml
　山椒(粉)　5g
　白コショウ　少量
白煎りゴマ　30g
黄ユズ(器用)

1　ナマコはワタを抜き出して端から輪切りにする。
　軽く塩をふり、断面をバーナーであぶる。

2　キュウリは種を除いて短冊に切り、干し柿も同じ
　くらいの大きさに切る。

3　よだれ鶏風のたれの材料を合わせ、よく混ぜる。1
　と2を加えて和える。

4　上を切り落としたユズは中身を取り出してユズ釜
　にして、3を盛り込み、白ゴマをふる。

なまこの梅酢ぉろし（酒井商会）

ナマコ特有のコリコリとした食感を梅風味で楽しむ。
同じ季節のウルイを合わせて
煎り酒と土佐酢のマイルドな酸でまとめた。

赤ナマコ
　塩、番茶
ウルイ
梅酢おろし
　煎り酒：1、土佐酢：1、大根おろし

○煎り酒

料理酒、梅干し（甘くなく塩けの強いもの）、昆布を火にかけ、沸騰したら弱めの中火で10分間ほど火を入れる。火からおろしてかつお節（削り）を加え、完全に沈んだら漉す。タピオカスターチでゆるくとろみをつける。

○土佐酢

かつおだし、穀物酢、淡口醤油、みりんを火にかけ、みりんのアルコール分がとんだら火からおろす。かつお節（削り）を加え、冷めたら静かに漉す。

1　ナマコは塩でもみ洗いして、ぬめりをとる。沸騰させた番茶に1〜2分間入れて茶ぶりにし、冷水で洗って締める。腹から開いて内臓を除いて洗い、両端を落として2〜3mm厚さに切る。

2　ウルイは軽く塩ゆでし、3〜4cm長さに切る。

3　煎り酒と土佐酢を同割で合わせ、大根おろしに混ぜて軽く搾る。この梅酢おろしで1と2を和えて、器に盛る。

小肌ガリ紫蘇巻き（オ山ノ活惣レ）

酢で締めたコハダを、大葉とガリ、
キュウリとともに海苔巻きに。
薬味とキュウリが効いて、歯ざわりよく、
さっぱりと食べられる。

コハダ
　塩、酢
海苔
白煎りゴマ
大葉
ショウガの甘酢漬け（薄切り）
キュウリ（細切り）
まぐろ節（糸削り）
梅肉醤油
　梅干し、みりん（煮切る）、酒（煮切る）、濃口醤油
ワサビ（おろす）

1　コハダを酢締めする。掃除をしたコハダは一枚開きにし、骨身をはずして水洗いする。ザルに並べて塩を振り、1時間ほどおいたら流水で塩を洗う。水けを拭きとり、酢に30分間ほど浸けて、取り出しておく。

2　巻き簾にあぶった海苔をおき、1のコハダの皮目を下に、端を重ねながら並べる。ゴマを指ですりつぶしながら全体にふり、大葉、ショウガの甘酢漬け（ガリ）、せん切りのキュウリを順にのせ、まぐろぶしを散らして端から巻く。提供時は約1cm幅に切る。

3　梅肉は包丁の背でたたき、酒とみりんでのばし、少量の濃口で味をととのえて梅肉醤油とする。

4　皿に2の切り口を見せるように盛り、3とおろしワサビを添える。

鱧 3 種 ちり酢(namida)

鱧昆布締め 炙り 焼き茄子と 蓴菜 吸い酢(namida)

鱧の山葵炒め(の弥七)

鱧の湯引き パッションフルーツポン酢(まめたん)

鱣 3種 ちり酢(namida)

ウツボは骨が複雑に身に入り込み、
さばくのに手間がかかるが、それを忘れるほどの美味。
3つの部位の食べ比べができる盛り合わせ。

　　ウツボ(頭に近いほう)
　　　塩
　　ちり酢(下記)

　　○ちり酢
　　　ダイコン(おろす)
　　　ポン酢(p.13)
　　　一味唐辛子
　　ダイコンおろしは65℃で蒸し、絞って水けをき
　　る。一味唐辛子を加え、丸く成形できる程度の
　　ポン酢を加え、球体にととのえる。

1　ウツボは塩でぬめりをとり、50℃の湯で洗って冷
　　水で締める。頭側の半身とそれ以外とではさばき
　　方が異なるので注意する。

2　頭に近いほうを三枚におろし、腹身の骨のない部
　　分は軽く塩をふり、白焼きにして冷ましておく(写
　　真左上)。

3　2で残った部分の骨に沿って身を切りはずし、さら
　　に別方向の骨もはずしてすき身にする。さっと熱
　　湯にくぐらせて冷水にとり、水けをふきとる(写真
　　右)。

4　3で残った部分を、皮を外側にしてくるりと巻き、
　　ラップとホイルで2重に包んで蒸し器で約10分間
　　蒸す。冷やして煮こごりにする(写真中央)。

5　器に2と3、4を盛り合わせて、ちり酢を添える。

鱧昆布締め 炙り 焼き茄子と 蓴菜 吸い酢(namida)

ハモは昆布締めにして
ねっとりとした食感を生かしたあぶり刺しに。
吸い酢とともに涼しげな一皿にまとめる。

　　ハモ
　　ナス
　　白ウリ
　　　塩
　　ジュンサイ
　　吸い酢
　　　だし　500ml
　　　みりん 120ml
　　　酢　60ml
　　　淡口醤油　60 ml
　　　粉ゼラチン(少量の水でふやかしておく)　5g
　　花穂紫蘇

1　ハモは50℃の湯で洗ってぬめりをとる。頭と内臓
　　をはずし、腹から開いて三枚におろす。半身ずつ
　　昆布ではさんでひと晩昆布締めにする。

2　ナスは直火で焼いて皮をむき、冷ます。

3　白ウリは皮を縞にむいて、端を落として種を抜く。
　　薄い輪切りにし、立て塩をしておく。

4　ジュンサイはさっとゆがいておく。

5　だしと調味料を合わせて一度沸かし、レンジで溶
　　かした粉ゼラチンを加え混ぜる。よく冷やして吸
　　い酢のジュレをつくる。

6　1のハモは骨切りし、皮目をしっかりバーナーであ
　　ぶって身は軽く焼き目をつける。食べやすい大き
　　さに切る。

7　2と3、6を合わせて器に盛り、4と5を流す。花穂
　　紫蘇を飾る。

鱧の山葵炒め（の弥七）

ワサビのさわやかな香りを楽しむ一皿。
大きなハモも揚げると骨が触らず食べやすい。

　　ハモ（1kg超）
　　　　ニンニク（おろす）、揚げ油
　　万願寺唐辛子
　　生シイタケ
　　黄ニラ
　　ワサビ（細切り）
　　塩、鶏のだし、赤唐辛子
　　ワサビ（おろす）

　○鶏のだし
　　鶏ひき肉　200g
　　水　1リットル
　鶏ひき肉に水を加えてよく練り、これを火にかけ、
静かに1〜2時間煮出してだしをとる。冷やして漉
して使う。

1　ハモは1kg超の特大サイズを使う。湯引きや落と
　しでは、大きいと骨が触って食べにくいが、揚げ
　てしまうと気にならないだけでなく、身が厚いので
　ふっくらと仕上がる。これを腹開きにし、骨切りし
　て2〜3cm長さに切る。すりおろしたニンニクをか
　らめて水けをふきとり、180℃に熱した油でからり
　と揚げる。
2　万願寺唐辛子はななめ薄切り、シイタケは軸を取
　って薄切りにする。黄ニラは3〜4cm長さに、ワサ
　ビも3〜4cm長さの細切りにする。
3　中華鍋に2と1を入れ、塩と少量の鶏のだし、赤
　唐辛子を合わせて弱火でゆっくり炒める。油は使
　わない。野菜に火が入ればよい。
4　器に盛り、すりおろしたワサビを全体に散らす。

鱧の湯引き　パッションフルーツ
ポン酢（まめたん）

パッションフルーツ＆ポン酢の組み合わせで
夏のハモをさわやかにいただく。
かんきつの香りのティムール山椒を添えて。

　　ハモ
　　　葛粉
　　だしポン酢
　　　だし、塩
　　　ポン酢
　　　白醤油のたれ
　　パッションフルーツ
　　黒七味
　　ティムール山椒のスプラウト

　○ポン酢
　　白醤油のたれ
　　どぶろく酢
　　ダイダイ果汁
　好みの量を合わせて、味が強ければだしで薄める。

　○白醤油のたれ
　　昆布　10cm×2枚
　　白醤油　1升
　　みりん　1升
　　酒　2合
　酒とみりんを火にかけアルコール分をとばし、
白醤油と合わせてなじませる。

1　だしポン酢をつくる。だしに少量の塩を加え、ポ
　ン酢、白醤油のたれを加えてなじませる。パッシ
　ョンフルーツを浸けておく。
2　ハモは開いて骨切りし、葛粉を切れ目の中まで
　ぶしつけ、熱湯にくぐらせて湯引きする。
3　器に1のだしポン酢を張り、2をのせる。上から1
　のパッションフルーツをかけて黒七味をふり、テ
　ィムール山椒のスプラウトを飾る。

珍味、酒肴

泥鰌の黒酢和え（の弥七）

たたみいわしチーズ焼き
（才山ノ活惣レ）

酒盗とブルーチーズの
茶碗蒸し（まめたん）

鮪の佃煮(まめたん)

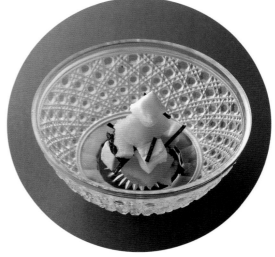

カズチー(まめたん)

蒸し帆立(まめたん)

泥鰌の黒酢和え（の弥七）

素揚げしたドジョウに黒酢だれをからめる。
ポイントは揚げる温度とたれの煮詰め方。
サクッと揚げきり、ワタの苦みを味わう。

　　ドジョウ（活）
　　　揚げ油
　　黒酢だれ
　　　カラメル（砂糖、水）：3
　　　中国黒酢：3
　　　濃口醤油：3
　　　紹興酒：2
　　ザクロ

1　活けのドジョウを素揚げする。揚げ油を190〜200
　　℃まで熱し、ドジョウを入れて約1分間、中まで
　　火を通すように揚げる。泥臭さが抜けて、中心部
　　までからりと歯切れよく揚がればOK。
2　黒酢だれをつくる。中華鍋で砂糖を焦がしてカラメ
　　ルをつくり、水を加えて煮溶かす。ここに黒酢、醤油、
　　紹興酒を合わせ、よく混ぜながら煮詰める。照りが
　　出て黒光りしてきたら、1を加えて手早くからめる。
3　2を皿に盛り、ザクロを添える。

たたみいわしチーズ焼き（オ山ノ活惣レ）

自家製のたたみいわしでつくる手軽な酒肴。
しらす干しでつくるときは、酒で湿らせてから
ヘラなどで押しつけて平らにするとよい。

　　生シラス
　　　塩
　　スライスチーズ（溶けるタイプ）
　　マヨネーズ、黒七味

1　生シラスは濃いめの塩水で洗ってザルにあけ、巻
　　き簾などに薄く広げて天日で干す。2〜3日間かけ
　　てしっかり水分をとばし、乾燥させる。
2　1でスライスチーズをはさみ、フライパンで焼いて
　　香ばしさを立たせ、チーズを溶かす。
3　2を食べやすくカットして皿に盛り、マヨネーズと
　　黒七味を添える。

酒盗とブルーチーズの
茶碗蒸し（まめたん）

酒盗とブルーチーズは意外なほど相性よし。
個性の強い素材同士をまとめた茶碗蒸し。

　　卵　1個
　　　だし　170ml
　　　塩
　　　土佐醤油（p.55）　各少量
　　マグロ酒盗
　　ブルーチーズ
　　ワサビ（おろす）

1　茶碗蒸しの地をつくる。卵を溶きほぐし、だしを
　　加えて塩と土佐醤油で調味する。酒盗の塩けがあ
　　るので控えめにする。
2　茶碗蒸しの器の底に酒盗とブルーチーズを入れ、
　　1を静かに流し入れる。スチームコンベクションオー
　　ブン（スチームモード）を90℃に設定し、10分間
　　ほど火を入れる。
3　2の蒸し上がりに酒盗とブルーチーズの小片をの
　　せ、おろしワサビを添える。

鮪の佃煮 (まめたん)

マグロの頭肉やカマなどでつくる佃煮。
ゴボウを加えて臭みを抜く。

```
マグロの頭肉、カマ、ホホ肉など
　塩
ニンニク(みじん切り)
ショウガ(みじん切り)
長ネギ(みじん切り)
ゴボウ(きざむ)
太白ゴマ油
酒
みりん
濃口醤油のたれ
たまり醤油
糸唐辛子
```

○濃口醤油のたれ
```
濃口醤油　1升
みりん　1升
酒　2合
```
酒とみりんを火にかけてアルコール分をとばし、濃口を合わせてよくなじませてから使う。

1　マグロの頭肉、カマ、ホホ肉は適宜に切り、軽く塩をふって200℃のオーブンに入れて火を通し、脂を落とす。刺身の端などを集めて冷凍しておいたものを使ってもよい。
2　鍋に太白ゴマ油を熱し、みじん切りにしたニンニク、ショウガ、長ネギを炒めて香りを出す。細かくきざんだゴボウを合わせてしっかりと炒める。
3　全体がしっとりしてきたら1をほぐしながら加えて炒りつける。出てくる脂をキッチンペーパーなどで吸い取る。臭みが出ないように出てくる脂はしっかり取り除く。
4　酒とみりんを加えてアルコール分をとばし、濃口醤油のたれを加えて煮詰める。仕上げにたまり醤油で佃煮らしい色に仕上げ、糸唐辛子を加える。火からおろし、ひと晩おいて味をなじませてから使う。好みで、煎った白ゴマをふったり、溶けるチーズをのせてあぶってもおいしい。

カズチー (まめたん)

人気のおつまみ、数の子&チーズを
料理屋らしいスタイルで。

```
数の子
　だし
　白醤油のたれ(p.95)
ブリー・ド・モー
塩昆布
```

1　数の子は塩抜きし、だしと白醤油のたれを合わせた地で炊く。地に浸けたまま冷やしておく。
2　1の水けをきって食べやすく切り、小角に切ったブリー・ド・モー、塩昆布を軽く和える。冷やしておいた器に盛る。

蒸し帆立 (まめたん)

ホタテを長時間蒸しただけの酒肴。
乾物のようなうまみと、濃厚なだしが出る。

```
ホタテ貝柱
```

1　ホタテはバットに並べ、ぴっちりとラップをかける。90℃のスチコンに入れて5時間蒸す。乾物のような濃いうまみとだしが出る。調味料は不要。

黒鮑 63℃蒸しと黒アワビタケ
鮑の肝醤油（namida）

牡蠣の柑橘蒸し（の弥七）

牡蠣 豆乳寄せ
青海苔（namida）

黒鮑 63℃蒸しと黒アワビタケ
鮑の肝醤油（namida）

低温蒸しのアワビは、やわらかい食感はそのままに、
香りとうまみが凝縮される。
何もせず、いきなり蒸しはじめる手法も画期的。

　　黒アワビ
　　黒アワビタケ
　　　だし、淡口醤油
　　肝醤油
　　　アワビの肝、酒、淡口醤油
　　カイワレ菜

1　アワビはタワシでこすり洗いしたり、殻をはずし
　　たりせず、そのまま63℃で45分間蒸す。蒸し温度
　　は変えず、アワビの大きさにより時間を調整する
　　（撮影時は約15cmの黒アワビを使用）。手で表面
　　を押してかたさをみて蒸し上がりを確認する。あ
　　ら熱がとれたら酒で表面を洗い、肝を外す。
2　1で外した肝で肝醤油をつくる。ボウルに肝をとり、
　　酒をふって100℃で15分間蒸す。蒸し汁と酒の中
　　で肝をつぶし、淡口で味をととのえる。目の細かい
　　ザルで漉す。
3　黒アワビタケは70℃で30分間蒸す。だしに淡口
　　であたりをつけた地に浸けておく。
4　1のアワビの身をさざ波切りし、3を同じくらいの
　　厚さに切って交互に盛り付ける。2をかけて、カイ
　　ワレ菜を添える。

牡蠣の柑橘蒸し（の弥七）

2種の柑橘を合わせた、さわやかな蒸し物。
低温でやわらかく火を入れるのがポイント。

　　カキ
　　　塩
　　かんきつの蒸し汁
　　　レモン（薄い輪切りと果汁）　1個分
　　　スダチ（同上）　2個分
　　　だし　200ml
　　　淡口醤油　大さじ1
　　　みりん　大さじ1
　　タマネギ、赤パプリカ、キノコ
　　　塩
　　一味唐辛子

1　カキは殻からはずし、軽く塩をふって脱水させ、
　　さっと湯にくぐらせて霜降りする。
2　バットにレモンとスダチの薄切りと果汁、だしを
　　入れ、淡口、みりんであたりをつける。
3　タマネギとパプリカはスライスし、キノコは焼く。
　　それぞれ軽く塩をふって下味をつける。
4　2に3と1を合わせ、85℃で30分間蒸す。そのま
　　ま冷まして味を含ませる。
5　4を彩りよく器に盛り、一味唐辛子をふる。

牡蠣 豆乳寄せ 青海苔(namida)

酒のアテとして「ちびちびつまめるカキ」。
生ガキが食べられない人も磯の香りが楽しめるよう、
85℃で蒸して豆乳と合わせてペーストにした。

カキ(大粒のもの)　300g
蒸し汁+豆乳(濃厚タイプ)　250ml
身
　淡口醤油
　みりん
　塩
　粉ゼラチン(蒸し汁でふやかしておく)　5g
貝柱とヒダ
　粉山椒
　塩
きゃらぶき
塩、すじ青海苔

1　カキは殻をはずして50℃の湯で洗い、ボウルを敷
　いたザルにのせて85℃の蒸し器で火が通るまで約
　40分間蒸す。ボウルに残った蒸し汁はとりおく。
　この汁の一部でゼラチンをふやかしておく。

2　1の蒸し汁に濃厚な豆乳を合わせて250mlにする。

3　1のカキは身と貝柱やヒダの部分に分ける。貝柱
　やヒダは開いて粉山椒と塩をふり、60℃のディハ
　イドレーターでカリカリに乾燥させ、ミキサーに
　かけてフレーク状にする。

4　3でとりおいた身の部分は、粗くきざんでフードプ
　ロセッサーに入れる。2を少量ずつ加えながら回し
　てペースト状にし、すべて加えたら淡口、みりん、
　塩で味をととのえる。1でふやかしておいたゼラチ
　ンをレンジで溶かして加え、冷やし固めて寄せに
　する。

5　カキの殻にきゃらぶき(解説省略)を入れ、その上
　に4の寄せを盛る。塩と3の牡蠣フレークをかけ、
　青海苔をのせる。

鮑の酒蒸し 海苔酢肝和え（まめたん）

炙り鳥貝と枝豆の
茶碗蒸し（創和堂）

毛蟹と雑穀の飯蒸し
（酒井商会）

帆立のプリン
胡桃オイル（namida）

鮑の酒蒸し　海苔酢肝和え（まめたん）

やわらかく火を入れたアワビは、
青海苔入りの土佐酢で磯の香りをまとわせる。

　　アワビ（約8cm）
　　　だし、昆布、塩
　　海苔酢
　　　土佐酢
　　　葛粉（水溶き）
　　　青海苔（粉）
　　スナップエンドウ（ゆでる）
　　すじ海苔

　　○土佐酢
　　　酢　1升
　　　みりん　2合
　　　淡口醤油　2.5合
　　　だし　4合
　　　砂糖　280g
　　　昆布　10cm
　　　かつお節（削り）
　　昆布までの材料を合わせて火にかけ、鍋肌がふ
　　つふつと沸いてきたらかつお節を加えて、火を
　　止める。冷めてから漉す。

1　アワビは表面を塩で洗い、90℃のスチームコンベ
　　クションオーブンで8分間蒸す。身に火が入った
　　ら殻からはずし、食べやすい大きさに切る。肝は
　　別にとりおく。
2　海苔酢をつくる。土佐酢は温めて水溶き葛粉でと
　　ろみをつけ、冷める前に青海苔を加える。冷めた
　　ら1で外した肝をたたいて加える。
3　器に2と1を盛り合わせ、彩りのスナップエンドウ
　　を添える。すじ海苔をのせる。

炙り鳥貝と枝豆の茶碗蒸し（創和堂）

トリ貝と相性のいい枝豆をのせた茶碗蒸し。
貝のだしはヒモと身のうまみを重ねたもの。
仕上げは貝をあぶって香ばしく。

　　トリ貝
　　　酒、だし、トリ貝の肝
　　　　淡口醤油、塩、葛（水溶き）
　　卵液
　　　卵　1個
　　　だし　160ml
　　　淡口醤油　3ml
　　　塩　1g
　　エダマメ（ゆでる）
　　青ユズ

1　トリ貝は殻をむいて掃除する。このときに出た水
　　分（貝の中の水）、酒、だし、トリ貝の肝を合わせ
　　て火にかけ、貝のだしをとる。沸いたらアクを引
　　き、漉す。
2　1を再度火にかけ、トリ貝の身が半生になるよう
　　70℃で火入れする。貝を引き上げたらアクを除き、
　　淡口と塩で味をととのえ、葛でとろみをつける。
　　ゆでた枝豆も加える。
3　茶碗蒸しをつくる。卵を割りほぐしてだしを加え、
　　淡口と塩で味をととのえて漉す。器の半分くらい
　　まで卵液を流し入れ、蒸気の上がった蒸し器で蒸
　　す。
4　蒸し上がった茶碗蒸しに、エダマメとともに2のあ
　　んを流す。半生に仕上げた2のトリ貝を炭火であ
　　ぶってのせ、振りユズをする。

毛蟹と雑穀の飯蒸し（酒井商会）

コースの中盤で出すことが多い飯蒸しを
アテにもなるよう、銀あん仕立てに。
蒸したてを提供する。

　　　毛ガニ（活）
　　　雑穀（16種の雑穀ミックス）
　　　　塩
　　　銀あん
　　　　かつおだし、淡口醤油、塩、片栗粉（水溶き）
　　　木の芽

1　毛ガニは塩水でゆでてから、さばいて身をほぐす。
　　カニみそは別にとりおく。
2　雑穀はさっと洗い、ごく少量の塩を入れて炊く。
3　毛ガニの甲羅に2を詰め、1の身をのせて蒸し器で
　　蒸す。
4　銀あんをつくる。かつおだしを温め、淡口と塩で
　　調味して水溶き片栗粉でとろみをつける。
5　蒸したての3に4をかけ、上に1のカニみそをのせ、
　　きざんだ木の芽を散らす。

帆立のプリン　胡桃オイル（namida）

ホタテに卵と乳製品を合わせた
「クリーム入りの茶碗蒸し」。
プリンという響きもどこかノスタルジックで親しみやすい。
クルミ油が香りのアクセント。

　　◆6cmのプリン型約8〜10個分
　　ホタテ貝柱　10個（約200g）
　　卵　1個
　　牛乳　120ml
　　生クリーム　100ml
　　酒　10ml
　　淡口醤油　10ml
　　ぶぶあられ、クルミ油（市販品）　各適量

（つくり方）

1　ホタテと卵をフードプロセッサーに入れ、分離し
　　ないよう液体を少しずつ加えながら回してペース
　　ト状にする。
2　ココットに1を入れて、ぴっちりとラップをかける。
　　85℃の蒸し器で45分間蒸し、あら熱がとれたら冷
　　蔵庫で冷やす。
3　器に2を盛り付け、ぶぶあられをふり、香りづけ
　　のクルミ油をかける。

海老焼売
（オ山ノ活惣レ）

鰭の広東風蒸し物
（の弥七）

鰭の糯米蒸し（の弥七）

海老焼売（オ山ノ活惣レ）

自家製のジャンボ海老焼売。
エビは半分をたたいて、残りは大きくカット。
ぷりぷりの食感とエビの風味を引き出した。

　　シュウマイのあん
　　　むきエビ（生）　460g
　　　豚挽き肉　230g
　　　シイタケ（生）　150g
　　　タマネギ　50g
　　　　濃口醤油　5ml
　　　ゴマ油　5ml
　　　ショウガ（おろす）　30g
　　　酒　30ml
　　　片栗粉　10g
　　シュウマイの皮（細切り）
　　　木の芽、酢醤油、練り辛子

1　エビは半量を包丁の峰でたたき、残りは小片に切
　　る。
2　ボウルに1と豚挽き肉を入れ、みじん切りにしたシ
　　イタケとタマネギを合わせ、濃口、ゴマ油、おろ
　　しショウガ、酒、片栗粉を加えて練り合わせる。1
　　個55gに分けて丸めておく。
3　シュウマイの皮を細切りにして2のあんを包み、
　　蒸気の上がった蒸し器に入れて15分間蒸す。
4　3を皿に盛り、木の芽をあしらう。酢醤油、練り辛
　　子を添える。

鰭の広東風蒸し物（の弥七）

パリッと皮目を焼いた切り身魚は、
オーブンと蒸し器の2段階で火を入れる。
高温に熱した油をたれに加え、香り高く仕上げる。

　　ハタ
　　広東風たれ
　　　鶏のだし（p.95）　100ml
　　　ナンプラー　大さじ2
　　　紹興酒　大さじ1
　　　濃口醤油　大さじ1
　　　白コショウ　少量
　　　ピーナッツ油　適量（上記たれ200mlに対し
　　　　て約大さじ1）
　　自家製新ショウガの漬け物（p.32参照。発酵が
　　　進んだもの）
　　マイクロハーブ、スプラウト

1　ハタは皮付きのまま切り身にする。フライパンに
　　多めの油を熱し、皮目をパリッと香ばしく焼く。
　　皮目が焼けたら、170℃に熱したオーブンに2分間
　　入れ、その後、湯気の立った蒸し器で2分間蒸す。
2　中華鍋に鶏のだし、ナンプラー、紹興酒を合わせ
　　て強火にかける。沸く直前に、濃口を鍋肌から加
　　えて香ばしさを立たせる。沸いたら白コショウを
　　挽きかけ、別の鍋で200℃に熱したピーナッツ油
　　を加える。一瞬で表面が弾けるように散らすと、
　　油の粒子が細かくなってまろやかに仕上がる。
3　器に2を流して、1を盛る。新ショウガの漬け物の
　　細切りと、ハーブ類を合わせたものを添える。た
　　れのコクと発酵した新ショウガの酸味とうまみが、
　　味と香りを重層的にする。

鰭の糯米蒸し（の弥七）

モチ米を香ばしく煎って衣にし、
淡白な魚にうまみとエキゾチックな香りをつける。
新ジャガを合わせたが、カボチャもおすすめ。

モチ米（生）
　シナモンスティック（粗く砕く）、陳皮
ハタ
ハタの下味
　田舎味噌　大さじ1
　豆板醬　小さじ1
　ニンニク（おろす）　少量
　ショウガ（おろす）　少量
　酒　大さじ1
　濃口醬油　大さじ1
新ジャガイモ
パクチー

1　モチ米の衣をつくる。中華鍋にモチ米、シナモン、
　陳皮を加え、鍋をあおりながら香ばしく乾煎りす
　る。スパイスの香りが立ち、煎りゴマほどの色に
　なったら火からおろし、スパイス類を除いて、ミ
　キサーにかけて細かく砕く。

2　ハタに下味をつける。田舎味噌、豆板醬、酒、濃
　口に、すりおろしたニンニクとショウガを加えてよ
　く混ぜ合わせ、ひと口大に切ったハタを30分間ほ
　ど浸ける。食べやすくカットした新ジャガイモも
　同様に。

3　2に1をまぶし、湯気の立った蒸し器に入れ、30
　分間ほど蒸し上げる。

4　パクチーを飾り、蒸籠ごと提供する。

鯛のふくら蒸し（の弥七）

天然真鯛かぶとの旨塩蒸し
（オ山ノ活惚レ）

鯛のふくら蒸し（の弥七）

鯛一尾の姿を生かした華やかな一皿。
詰め物の豆腐が鯛の身と一体となり、
しっとりやわらかく蒸し上がる。

> タイ（頭付き）
> けんちん
>   木綿豆腐（水けをきる）
>   白身魚のすり身
>   長芋（おろす）
>   だし、淡口醤油
>   ゴボウ、ニンジン、エダマメ
> 九条ネギ、ショウガ、パクチー、糸唐辛子
> たれ（p.110の広東風たれと同じもの）

1 鯛は身を傷つけないように注意しながら、ウロコ
  を落として背から開き、内臓と骨を除いて掃除す
  る。
2 詰め物のけんちんをつくる。水けをきった豆腐は
  鍋で炒めてさらに水分をとばし、すり鉢でなめら
  かにすり混ぜる。魚のすり身と長芋を加えて混ぜ、
  だしと淡口であたりをつけ、別に炊いておいたゴ
  ボウとニンジン（解説省略）、ゆでたエダマメを加
  える。これを1の背側から詰めて楊枝で止め、蒸
  気の上がった蒸し器で蒸す。300gの鯛で8分間が
  目安。
3 蒸し上がったら皿に盛り、楊枝を外す。上に細切
  りにした九条ネギとショウガ、パクチーをのせる。
  彩りの糸唐辛子を散らし、たれを添える。

天然真鯛かぶとの
旨塩蒸し（オ山ノ活惣レ）

鯛かぶとは淡い塩味の地で炊いて、
素材そのものの味わいを前面に。
仕上げのゴマ油でコクと香りをまとわせた。

> マダイの頭
> かつおだし
>   昆布、酒、塩、淡口醤油
> 絹ごし豆腐
> 生シイタケ
> ゴマ油（焙煎タイプ）
> 九条ネギ、ショウガ（ともに細切り）

1 マダイの頭は梨割りにし、軽く霜降りして細かい
  ウロコや血などを洗い流す。
2 かつおだしに昆布と酒、1と少量の塩を加えて弱
  火で炊いていく。途中で豆腐とシイタケを加えて
  さらに火を入れ、塩と淡口で味をととのえる。
3 2を器に盛り、上から熱したゴマ油を回しかける。
  細切りにした九条ネギと針ショウガをのせる。

白ばい貝の
沙茶醤煮込み（の弥七）

栄螺の肝和え
蓼風味（の弥七）

鰭と弓削瓢柑の冷製（の弥七）

地蛤のポトフ風
（オ山ノ活惣レ）

白ばい貝の沙茶醬煮込み（の弥-七）

沙茶醬は干しエビや魚醬が入った万能ソース。
魚介全般に合わせやすく、バーベキューの下味にも便利。
この貝煮込みは温めても、冷やしてもおいしい。

 白バイ貝
 沙茶醬（サーチャージャン）ソース
  干しエビ　30g
  ナンプラー　30g
  エシャロット（みじん切り）　大さじ1
  ニンニク（みじん切り）　大さじ1
  赤唐辛子　少量
  鶏のだし　1リットル
  オイスターソース　大さじ3
  濃口醤油　大さじ1
 木の芽

1 白バイ貝は水からゆでこぼしておく。

2 沙茶醬ソースをつくる。中華鍋で干しエビ、ナンプラー、エシャロット、ニンニク、唐辛子を炒め、鶏のだし（p.95）を注いで、オイスターソースを加える。

3 2に1を入れ、90分から2時間ほど弱火で煮る。煮詰め具合をみて、必要なら濃口を加える。火からおろし、そのまま冷ます。

4 3を器に盛り、木の芽を飾る。

栄螺の肝和え　蓼風味（の弥-七）

蓼の葉入りの酢味噌でサザエを和えた。
ピーナッツ油と玉味噌で蓼のクセを抑えて、
ほろ苦いサザエの肝を引き立てる。

 サザエ
  濃口醤油
 蓼酢味噌
  蓼の葉：10
  ピーナッツ油：30
  酢：10
  塩　少量
  玉味噌　少量
 白煎りゴマ

○玉味噌
白味噌（漉し）とみりんを合わせて火にかけ、かたさが出るまで火にかける。仕上げる直前に溶いた卵黄を加え混ぜる。漉して仕上げる。

1 活けのサザエは身を引き出し、香りづけの醤油を加えた水で殻とともに煮る。30分間ほど煮たら火からおろし、冷めたら食べやすく切る。

2 蓼酢味噌をつくる。蓼、ピーナッツ油、酢、塩をフードプロセッサーにかけてなめらかにする。これを裏漉して、少量の玉味噌を加えて食べやすい味にまとめる。

3 2で1を和えて器に盛る。白ゴマを振る。

鰭と弓削瓢柑の冷製（の弥七）

愛媛産弓削瓢柑はやさしい酸と
みずみずしい果実味が特徴。
この果汁を塩だけで調味し、ソース代わりに。
ハタはコンフィのように低温の油煮にする。

　　ヒョウカン
　　　塩
　　ハタ
　　　塩、太白ゴマ油
　　汲み上げ湯葉
　　クコの実
　　青ユズ

1　ヒョウカンは皮をむいて果汁を搾る。搾ったジュースは塩であたりをつけ、冷やしておく。器用には、横置きし、上から1/3くらいをカットして中身を取り出す。

2　ハタはおろして軽く塩をふり、沸かした湯にくぐらせて霜降りして水けをふきとる。深いバットに入れて太白ゴマ油をかぶるくらい注ぎ、70℃のオーブンで30分間加熱する。油に浸けたまま冷ます。

3　2を食べやすい大きさに切り、1の果汁をからめる。ヒョウカンの器に湯葉とともに盛り込み、クコの実をのせる。振りユズをする。

地蛤のポトフ風（オ山ノ活惣レ）

地ハマグリのうまみが染み出たスープが主役。
塩のみの味つけで、ワインによく合う。

　　地ハマグリ
　　芽キャベツ
　　新ジャガイモ（小）
　　ペコロス
　　ミニトマト
　　下地
　　　かつおだし、塩、酒、みりん
　　ポトフのスープ（かつおだし：2、酒：1）
　　　オリーブ油、塩、黒コショウ

1　ハマグリはよく洗い、海水程度の塩水に浸けて砂抜きする。

2　芽キャベツ、新ジャガイモ、ペコロスはさっと下ゆでし、かつおだしに塩、酒、みりんを加えた下地に浸けておく。

3　提供時のスープは、かつおだしと酒を2対1の割で合わせ、2の野菜とミニトマト、1のハマグリを加えて火にかける。ハマグリの口が開いたら火を止め、オリーブ油を落として塩で味をととのえる。

4　3を器に盛り付け、黒コショウを挽きかける。

蒸し帆立と冬瓜煮
わたのソース（まめたん）

子持ちやりいかと
ブロッコリーの
アンチョビ炒め
（オ山ノ活惣レ）

泥鰌豆腐（namida）

蒸し帆立と冬瓜煮
わたのソース（まめたん）

「蒸しホタテ」とその蒸し汁で冬瓜を炊いた。
冬瓜のワタは甘みがあるので、
調味料と煮詰めてソースにする。

  トウガン
   生米
   だし
   蒸しホタテ（p.97）
   ホタテの蒸し汁
  トウガンのワタ
   だし
   濃口醤油のたれ（p.99）
   砂糖
  青ユズ

1 トウガンは皮をむき、中央のワタの部分を除いて3〜4cm角に切る。米を加えてやわらかく下ゆでする。ワタは別にとりおく。

2 1を取り出して軽く洗い、新たにだしとともに煮る。沸いたら蒸しホタテとその蒸し汁を加えて3時間炊く。

3 1で除いたワタは種を取って適宜に切る。だしと濃口醤油のたれと少量の砂糖を合わせて火にかけ、とろりとするまで煮詰める。

4 器に2のトウガンとホタテを盛り付け、3のソースをかける。振りユズをする。

子持ちやりいかとブロッコリーの
アンチョビ炒め（才山ノ活惣レ）

トリュフオイルとアンチョビを効かせた炒め物。
旬の魚介や、エビやホタテでもおいしい。
バターを加えてまろやかな味わいに。

  ヤリイカ（子持ち）
  ブロッコリー
  トリュフオイル（きざみトリュフ入り）
  アンチョビ
  サラダ油、バター

1 子持ちのヤリイカは開かずに、眼とクチバシ、軟骨を抜いて輪切りにする。

2 ブロッコリーは軽くボイルし、小房に分ける。

3 トリュフオイル：1、アンチョビ：2の割で混ぜ、アンチョビを溶いておく。

4 フライパンにサラダ油を熱し、バターを加えて1と2を合わせて炒める。全体に火が入ったら、3を加えて味をととのえ、皿に盛る。

泥鰌豆腐 (namida)

ドジョウを丸ごと味わう和風スープ・ド・ポワソン。
特有の泥臭さは10%量のゴボウでマスキング。
ネギの甘みを加えてなめらかな口あたりに。

　　ドジョウ（活）　1kg
　　　ゴボウ　100g
　　　長ネギ　150g
　　　綿実油　40ml
　　　だし　8合
　　　みりん　1合
　　　淡口醤油　1合
　　絹ごし豆腐
　　　だし
　　ゴボウチップス（トッピング用）
　　塩
　　マイクロデトロイト

1　ゴボウとネギは薄切りにし、綿実油でよく炒める。
　　ここに、だし、みりん、淡口を加えて煮る。

2　活けのドジョウは暴れるので気をつけながら洗い、
　　1が沸いたところに加えてゴボウがやわらかくなる
　　まで煮る。

3　2をバイタミックスにかけてなめらかな口あたりに
　　仕上げる。通常のミキサーの場合は仕上げに裏漉
　　しする。

4　トッピング用のゴボウチップスは、ゴボウを薄切
　　りにし、160℃のノンフライヤーに入れてカリカリ
　　のチップスにする。

5　提供時に人数分の3を鍋で温め、塩で味をととの
　　える。だしで温めた豆腐と一緒に器に盛り付け、4
　　とマイクロデトロイトをのせる。

鰭と発酵白菜のみぞれ餡
（の弥七）

金目鯛と新蓮根の煮ぉろし
（創和堂）

穴子焙じ茶煮
(namida)

煮穴子とマンゴー しば漬け
(まめたん)

鰭と発酵白菜のみぞれ餡（の弥七）

上品なうまみのスープは発酵白菜と梅干しが隠し味。
すりおろしたカブでみぞれあん仕立てに。

  ハタ
   醤油、片栗粉、揚げ油
  スープ
   鶏のだし（p.95） 200ml
   梅干し 1個
   自家製ハクサイの漬け物（p.32参照。発酵が
    進んだもの） 50g
   酒（煮切る） 100ml
   金華ハム 50g
  カブ
  山椒（粉）、芽ネギ、黄ユズ

1 ハタはおろして適宜に切り、さっと醤油にくぐらせ
 て下味をつける。水けをふきとり、片栗粉をまぶ
 して180℃に熱した油で香ばしく揚げる。

2 スープの材料を合わせて弱火で30分間煮出す。
 静かに漉し、すりおろしたカブを加えてみぞれあ
 んにする。

3 深い器に1を盛り、2を流す。山椒をふり、ユズ皮
 を散らし、芽ネギをのせる。

金目鯛と新蓮根の煮おろし（創和堂）

キンメダイと旬の新レンコンを揚げ煮おろしに。
後味にピリリと刺激がくる花椒スプラウトがアクセント。

  キンメダイ
   塩、薄力粉、揚げ油
  新レンコン
   揚げ油
  地
   だし：9
   濃口醤油：1
   みりん：1
  ダイコン（おろす）
  花椒（ホワジャオ）スプラウト

1 キンメダイは三枚におろし、皮付きのままひと口
 大に切る。軽く塩をふり、薄く粉をまぶして熱し
 た油で揚げる。新レンコンも同じくらいの大きさ
 に切り、素揚げする。

2 地の材料を合わせて火にかけ、ひと煮立ちさせた
 らダイコンおろしを入れて、1のキンメダイとレン
 コンを加えてさっと炊く。

3 器に盛り付け、上からも地をかけて、たっぷりの
 花椒のスプラウトをのせる。

穴子 焙じ茶煮(namida)

煮穴子の炊き上がりにほうじ茶葉を加えて
香ばしさをまとわせた。
ゴボウを合わせたが、ソバの実でも合う。

　　アナゴ(活)
　　　塩
　　煮汁
　　　水　500ml
　　　酒　200ml
　　　砂糖　30g
　　　淡口醤油　50ml
　　　ほうじ茶葉　少量
　　ゴボウ
　　　だし：10
　　　淡口醤油：1
　　　酒：1
　　　みりん：1
　　　砂糖：0.5
　　芽ネギ

1　アナゴは塩でもみ、50℃の湯で洗うとぬめりが白
　く浮いてくるのでこそげ取る。背開きにしてさば
　き、よく洗う。

2　煮汁の水と酒を沸騰させる。火を弱めて1を入れ、
　煮崩れしないようにとろ火で約15分間煮る。砂糖
　と淡口を加え、再び沸騰したら火を止めて茶葉を
　加え、自然に冷ます。

3　ゴボウは皮を薄くむいて食べやすい大きさに切り、
　水からやわらかく下ゆでする。調味料を合わせて
　ひと煮立ちさせ、下ゆでしたゴボウを加えて2〜3
　分間煮て、冷まして味を含ませる。

4　片口などの器に3を盛り、2を食べやすく切っての
　せる。芽ネギをあしらう。

煮穴子とマンゴー
しば漬け(まめたん)

アナゴとマンゴーの組み合わせがユニーク。
煮アナゴの甘みにマンゴーの酸、
しば漬けのパリパリとした食感と塩けが絶妙。

　　アナゴ(開いたもの)
　　煮汁
　　　だし：15
　　　淡口醤油：1
　　　みりん：1
　　マンゴー(1mm厚さに切る)
　　しば漬け
　　粉山椒

1　アナゴはぬめりを取って、適宜に切る。煮汁の材
　料とともに煮て、そのまま冷ます。

2　1の煮汁の一部をとり、煮詰めてツメとする。

3　1のアナゴを食べやすく切り、オーブンで温めてか
　ら、表面をバーナーであぶる。

4　3を皿に盛り、薄切りのマンゴーをはさみ、2のツ
　メをかける。小角に切ったしば漬けをのせて粉山
　椒をふる。

蟹と茶豆の
宝楽仕立て（の弥七）

魚介だしの
雲丹巻き卵
（才山ノ活惣レ）

鱶 小鍋仕立て
(namida)

桜えびの卵とじ
(オ山ノ活惣レ)

蟹と茶豆の宝楽仕立て(の弥七)

メレンゲ入りのカニの蒸し物は、
クリームチーズが隠し味。
好みで酸味のある銀あんをかけても。

    ズワイガニ(生)
    エダマメ(茶豆系)
      塩
    クリームチーズ
    卵白

1　ズワイガニは蒸して身をほぐしておく。
2　エダマメはできれば枝付きの茶豆系が味が濃くて
　　おいしい。塩ゆでし、さやを外して薄皮をむき、
　　半量をみじん切りに、残りの半量はフードプロセ
　　ッサーにかけてペースト状にする。
3　クリームチーズは湯せんにかけてやわらかくする。
4　卵白をツノが立つまでよく泡立てる。
5　2のペーストに3を加えてよく混ぜ、みじん切りの
　　枝豆を加える。4の卵白の一部を合わせてなじま
　　せたら、泡をつぶさないように残りを加えて混ぜ
　　合わせる。
6　宝楽の器に5を流し、1のカニをのせて160℃のオー
　　ブンで15分間ほど焼く。泡がしぼまないうちに
　　供する。

魚介だしの雲丹巻き卵(オ山ノ活惣レ)

ウニの海苔巻きを芯にしただし巻き卵。
ポイントは魚介だしの奥深いうまみと香りで、
臭みが出ないようていねいに下処理する。

    卵　4個
      魚介だし　90ml
      淡口醤油　少量
      みりん　少量
    サラダ油
    生ウニ
    板海苔
    ダイコン(おろす)、濃口醤油

○魚介だし
魚のアラを集め、さっと湯にくぐらせて霜降り
して流水でよく洗い、1〜2時間弱火で煮出して
だしをとる。

1　卵を溶き、魚介だしを加えて淡口とみりんで味を
　　ととのえる。魚介だしの塩けと強いうまみがある
　　ので、加える調味料はごく少量でよい。
2　板海苔は卵焼き器の幅に合わせて切り、端にウニ
　　をのせて、直径1〜1.5cmの筒状になるように巻い
　　ていく。
3　卵焼き器に少量の油を熱し、数回に分けて1を流
　　して卵焼きをつくる。最初の卵液に火が入ったと
　　ころで2を手前側におき、これを芯に巻いていく。
　　焼き上がったら、表面に筋をつけるため巻き簾で
　　裏巻きにし、しばらくおいて落ち着かせる。
4　3を約2cm幅に切って断面を見せるように皿に盛
　　り、濃口を浸したダイコンおろしを添えて、季節
　　の青みをあしらう。

鱓 小鍋仕立て(namida)

ウツボは食べ慣れない食材だが
良いだしが出て、身もおいしい。
柳川をイメージして卵とじにした。

　　　ウツボ(尾に近い部分)
　　　ウツボのだし
　　　　ウツボのアラと骨
　　　　水
　　　　昆布
　　　　酒
　　　絹ごし豆腐
　　　長ネギ
　　　淡口醤油、塩、酒
　　　卵

1　ウツボは塩でぬめりをとり、50℃の湯で洗って冷
　　水で締める。ここでは尾に近い部分をぶつ切りに
　　して70℃の蒸し器で30分間蒸し、骨を抜いて食
　　べやすく切る。

2　ウツボのだしをとる。ウツボのアラと骨はよく洗
　　い、水と昆布、酒を加えて弱火で煮出す。ザルで
　　漉す。

3　小鍋に2を入れて火にかけ、沸いたら1を入れる。
　　ウツボに火が入ったら適宜に切った豆腐と、なな
　　め切りにした長ネギを加え、淡口と塩、酒で味を
　　ととのえる。

4　3のネギに火が通ったら溶き卵を回し入れ、熱々
　　の状態で提供する。

桜えびの卵とじ(オ山ノ活惣レ)

旬のサクラエビをたっぷり加えた卵とじ。
うまみが重なっただしも一緒に味わう。

　　　サクラエビ(生)
　　　新タマネギ
　　　卵
　　　卵とじのだし
　　　　かつおだし：10
　　　　みりん：1.5
　　　　淡口醤油：1
　　　粉山椒、木の芽

1　直火にかけられる器に卵とじのだしを張り、薄切
　　りにした新タマネギとサクラエビを入れて火にか
　　ける。タマネギに火が入ったら、溶いた卵を回し
　　入れる。余熱でも火が入るので、すぐに火からお
　　ろす。

2　1に粉山椒をふり、木の芽を散らす。熱々の状態
　　で提供する。

のどぐろ原始焼き（創和堂）

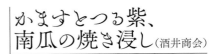

かますとつる紫、
南瓜の焼き浸し（酒井商会）

栄螺の
エスカルゴバター焼き
（オ山ノ活惣レ）

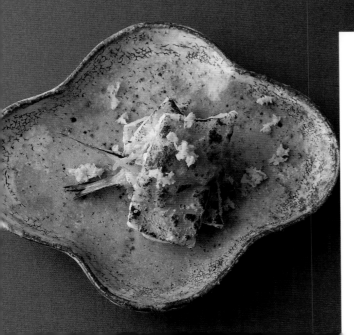

鱚の雲丹焼き（まめたん）

のどぐろ原始焼き(創和堂)

炭火を使った開店当初からの看板メニュー。
最初は遠火で、最後は火に近づけて焼くことで
中はふっくら、皮はパリッと仕上がる。

　　　ノドグロ
　　　　塩
　　　ダイコン(おろす)
　　　伏見唐辛子
　　　　かつお節(削り)
　　　スダチ

1　備長炭を熾して火床にセットする。創和堂では炭
　を縦に置ける筒状の鉄具を使い、その中に熾した
　炭を立てる。

2　ノドグロは細かいウロコまで取り、内臓を壺抜き
　で除いて口から竹串を挿し込む。身を突き破らな
　いように注意しながら、勢いよく泳いで見えるよう
　に尾ビレを上に持ち上げ、尾ビレの下側から串を
　出す。

3　ノドグロ全体に軽く塩を振り、盛り付けたときに
　上になる面(左に頭がくる)から焼きはじめ、全体
　にきれいな焼き目をつける。最初は火から離して
　じっくり中心部まで火を入れ、最後は皮をパリッ
　と乾かすように火に近づける。次第に身の脂が頭
　側に流れてきて、頭は揚げ焼きのように香ばしく
　仕上がる。

4　焼き上げたノドグロは串を挿したまま皿に盛り、
　ダイコンおろし、同じく炭火で焼いた伏見唐辛子
　の土佐和え(解説省略)、スダチを添える。なお、
　焼き上げた姿を客席で見せた後、串を外して盛り
　付けてもよい。

かますとつる紫、
南瓜の焼き浸し(酒井商会)

仕上げに数滴たらした山椒オイルがアクセント。
淡泊な皿がワインに合わせやすくなる。

　　　カマス
　　　ツルムラサキ
　　　カボチャ
　　　浸け地
　　　実山椒オイル

○浸け地

かつおだし：8、淡口醤油：1、みりん：1を
合わせて軽く沸かす。

○実山椒オイル

太白ゴマ油に山椒の実を入れ、コンロの脇など
に半日おいて、低温で火を入れる。実を除いて
オイルだけを使う。

1　カマスは皮付きのまま三枚におろし、皮目に焼き
　色をつけて香ばしく焼く。食べやすく切る。

2　カボチャは薄切りにして、焼き目をつけるように焼
　き、浸け地に浸ける。

3　ツルムラサキはさっとゆでて、2と同じく浸け地に
　浸ける。

4　器に2と3、1を盛り合わせて浸け地を流す。香り
　づけに、太白ゴマ油に実山椒を漬け込んだ山椒オ
　イルを数滴たらす。

栄螺の
エスカルゴバター焼き（オ山ノ活惚レ）

サザエの強い磯の香りを
エスカルゴバターでぐっと洋風に引き寄せた。
ワインによく合う。

    サザエ　1個
      酒、濃口醤油
    エスカルゴバター　5g
      つくりやすい量
        バジル（フレッシュ）　5g
        ニンニク　10g
        バター　10g
        塩　少量

1　サザエは、蓋の上から少量の酒と濃口を落として
　焼き台で焼く。沸いたら火からおろして身を引き
　出し、食べやすくカットする。

2　エスカルゴバターをつくる。材料をミキサーに入
　れてなめらかになるまで回す。冷蔵で保存する。

3　1のカットしたサザエを殻に戻し、2を加えて直火
　にかける。軽く沸いてニンニクの香りが立ったら
　器に盛り、竹串を添えて提供する。

鱚の雲丹焼き（まめたん）

繊細な身質のキスに、濃厚なウニを合わせた酒肴。
半端に残ったウニを集めて蒸しておく。

    キス
      酒、塩
    蒸しウニ（ウニをまとめて蒸したもの）
      塩
      卵黄
    ワサビ（おろす）

1　キスは開いて酒と塩で洗う。軽く干しておく。

2　蒸しウニは粗くたたいてザルで漉す。塩と少量の
　卵黄を加えて色づけと流れない落ちないくらいの
　濃度をつける。

3　1を200℃のオーブンに入れて軽く火を入れる。一
　度取り出して、2を塗って再度オーブンで火を通
　す。オーブンから出し、バーナーで表面をあぶっ
　て焼き目をつける。

4　皿に盛り、おろしワサビを散らす。

鰯の一夜干し
クレソンサラダ
仕立て（創和堂）

太刀魚酒盗焼き
（創和堂）

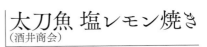

太刀魚 塩レモン焼き
（酒井商会）

はた塩焼き
柚子胡椒酢味噌
（まめたん）

鰯の一夜干し
クレソンサラダ仕立て（創和堂）

大ぶりのイワシは冷蔵庫で一夜干しにし、
脂ののった皮目を炭火で香ばしく焼く。
旬の野菜を合わせたサラダ仕立てに。

　　イワシ
　　クレソン
　　新タマネギ（薄切り）
　　粒マスタードドレッシング
　　　粒マスタード　50g
　　　濃口醬油　10g
　　　太白ゴマ油　30g
　　　タマネギ（おろす）　10g
　　　ハチミツ　5g

1　イワシは三枚におろして軽く塩をふり、冷蔵庫の
　　中で丸一日風干しする。4〜5cm長さに切り、炭火
　　で焼き上げる。

2　粒マスタードドレッシングの材料を合わせてよく
　　混ぜる。

3　皿に1を盛り、クレソンと薄切りにした新タマネギ
　　をのせて、2のドレッシングをかける。

太刀魚酒盗焼き（創和堂）

タチウオは脂がのっていても身質は淡白。
炭火で焼き、カラスミ入りの酒盗だれでコクを添えた。

　　タチウオ
　　　塩
　　酒盗だれ
　　　長期熟成のカラスミ（おろす）
　　　マグロの酒盗
　　花穂紫蘇

1　タチウオは三枚におろし、皮目に細かく切り目を
　　入れて4〜5cm長さに切る。軽く塩をふり、炭火
　　で焼き上げる。

2　カラスミをすりおろし、マグロの酒盗と混ぜ合わ
　　せて酒盗だれをつくる。

3　皿に1のタチウオを2枚重ねて盛り付け、2の酒盗
　　だれをのせる。花穂紫蘇を散らす。

太刀魚 塩レモン焼き（酒井商会）

レモンに油と香味野菜を加えた特製塩レモンだれ。
2週間ほどねかせるとカドがとれて味がなじんでくる。
焼き魚はもちろん、肉や野菜にもよく合う。

タチウオ
塩レモンだれ
　レモン果皮（ゆでてみじん切り）　1個分
　レモン果肉（みじん切り）　100g
　タマネギ（みじん切り）　280g
　ニンニク（おろす）　1片
　塩　20g
　太白ゴマ油　150g
　淡口醤油　12g
　黒コショウ（挽）　30振り

1　塩レモンだれをつくる。レモンの皮は軽くボイル
　してみじん切りに、果肉もみじん切りにして出てき
　たジュースも使う。ここにみじん切りのタマネギ、
　おろしニンニクを合わせ、塩、太白ゴマ油、淡口
　を加えてなじませる。翌日から使えるが、2週間ほ
　どおくとカドがとれて味に深みが出る。
2　タチウオは三枚におろし、皮目に細かく包丁を入
　れて炭火で焼く。
3　皿に2を盛り、1の塩レモンだれをかける。

はた塩焼き
柚子胡椒酢味噌（まめたん）

なめらかな酢味噌に
柚子胡椒のきりっとした辛味がアクセント。
白身魚の塩焼きと一緒に。

ハタ
　塩
柚子胡椒酢味噌
　酢味噌：10、柚子胡椒：0.5
ベビーコーン
スダチ
花椒（ホワジャオ）のスプラウト

○酢味噌
　白味噌　1kg
　みりん　400ml
　水　400ml
　砂糖　300g
　どぶろく酢　適量
材料をすべて合わせてなじませる。

1　ハタはウロコを取り、皮付きのまま切り身にして
　骨をそぎ取る。皮目に切り目を入れ、金串を打っ
　て軽く塩をふり、焼き目をつけて焼く。
2　酢味噌と柚子胡椒を混ぜ合わせる。
3　皿に2を敷き、1を盛り付ける。ベビーコーンとス
　ダチを添え、ピリッと辛みのある花椒のスプラウ
　トを散らす。

桜鱒の酒粕西京焼き
（酒井商会）

サクラマスの親子焼き
（オ山ノ活惚レ）

鮪の頭肉 松前焼き(namida)

桜鱒の酒粕西京焼き(酒井商会)

秋冬は銀だら、春は桜鱒でつくる人気メニュー。
酒粕と西京味噌を合わせることで塩味を抑えつつ
熟成した酒の香りとうまみをまとわせた。

> サクラマス
> 酒粕西京味噌床
> 　酒粕　500g
> 　西京味噌(粒)　500g
> 　信州味噌　250g
> 　みりん(煮切り)　2合(360ml)
> ウド
> 　ゴマ油、みりん、醬油、唐辛子、ゴマ

1　漬け床をつくる。酒粕、西京味噌、信州味噌、み
　りんをよく混ぜ合わせる。
2　サクラマスは皮付きのままおろし、小骨を除いて
　切り身にする。1の漬け床に2日間漬ける。
3　2の味噌をぬぐい、皮に切れ目を入れてじっくり焼
　き上げる。
4　皿に3を盛り、ウドのきんぴら(解説省略)を添える。

サクラマスの親子焼き(才山ノ活惣レ)

サクラマスの幽庵焼きと
その卵に見立てたイクラの盛り合わせ。

> サクラマス
> 幽庵地
> 　酒：1
> 　濃口醬油：1
> 　みりん：1
> 自家製イクラ醬油漬け
> 白煎りゴマ、笹の葉、ボケの花

○自家製イクラ醬油漬け
例年12月に生のスジコを取り寄せ、濃口醬油ベー
スのたれに漬けてつくる。店で使う1年分を
仕込み、でき上がりを冷凍保存している。

1　サクラマスは皮を残して三枚におろし、切り身に
　して、皮に切り目を入れる。酒、濃口、みりんを
　同割で合わせた幽庵地に20分間浸ける。
2　1の水けをふきとり、皮目がパリッと香ばしくなる
　よう炭火で焼き上げる。
3　器に2とイクラ醬油漬けを盛り合わせ、ゴマをふ
　る。季節の花や葉物(写真はボケと笹)を飾る。

鮪の頭肉 松前焼き(namida)

扱いにくい部位をおいしく食べる工夫。
昆布の包み焼きはうまみを加えつつ、
やわらかく火が入る。
利休地＋綿実油に浸けて酸化を防ぐ。

マグロ頭肉
利休地
　酒、みりん、濃口醤油、すりゴマ、綿実油
昆布
ミョウガ、大葉（ともにせん切り）、カイワレ菜、
白すりゴマ

1　マグロの頭肉（塊の場合）は50℃の湯で洗って適宜
　　に切り、利休地に綿実油を加えた地にひと晩浸け
　　る。綿実油を加えることで身がしっとり焼き上が
　　るのと、酸化防止になる。
2　1の頭肉を食べやすい大きさに切り、昆布にはさん
　　で250℃のオーブンで焼く。8分間（＋数分）で焦げ
　　ない程度に火を入れる。
3　2を昆布ごと器に盛り、せん切りのミョウガと大葉、
　　カイワレ菜を添える。すりゴマをたっぷりとふる。

（p149より）

鰻くりから焼き
鰻のタレ焼きおにぎり添え(namida)

元はウナギの端を串に巻いたという「くりから焼き」は
ひと口サイズで、焼き鳥のようなカジュアルな仕立て。
焼きおにぎりを添えて、アミューズやお凌ぎ代わりに。

ウナギ（活）
鰻のたれ
　ウナギの骨：適量
　濃口醤油：3
　みりん：3
　酒：1.5
　砂糖：1.5
ご飯
粉山椒

1　鰻のたれをつくる。ウナギの骨や頭は、血合いや
　　エラなどを除いてよく洗い、塩と酒（分量外）を少
　　量ふり、焦がさないようにして骨の髄までよく焼
　　く。これと調味料を合わせて中火で煮詰めて漉す。
　　次回からも同じようにつくり、残ったたれを継ぎ足
　　してもよい。
2　背開きにしたウナギは50℃の湯で洗ってぬめりを
　　しっかりとる。半身から縦に2～3本をとり、そこ
　　から10cmほどの長さに切り分け、S字になるよう
　　に串打ちする。炭火で焼いて焼き目をつけ、途中
　　から1のたれをかけて焼き上げる。
3　ご飯は少量の1のたれを混ぜて下味をつけ、俵型
　　に成形し、さらにたれを塗りながら、焼きおにぎ
　　りをつくる。2とともに器に盛り、煮詰めたたれを
　　かけ、粉山椒をふる。

鰆
マンゴー味噌田楽
（namida）

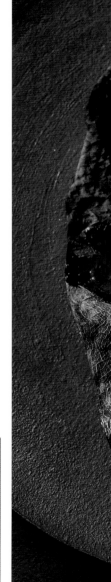

鰆の燻製
里芋の裏漉し 七味
（namida）

黒鱒青朴葉焼き
こごみ 胡桃(namida)

岩魚 厚揚げ
タラの芽の杉板焼き
(namida)

鰆　マンゴー味噌田楽(namida)

春を告げる国産マンゴーとサワラを合わせた一皿。
両者と相性のよい西京味噌をつなぎ役にした。

　　サワラ
　　西京味噌床
　　　西京味噌　1kg(250g)
　　　酒　　　　90ml(25ml)
　　　みりん　　90ml(25ml)
　　　砂糖　　100g(25g)
　　マンゴーの田楽味噌
　　　マンゴー(国産):1
　　　西京味噌(漉し):1
　　　卵黄　適量
　　マンゴーの胡麻和え
　　　マンゴー、塩、淡口醤油、すりゴマ

1　西京味噌床をつくる。酒とみりんを煮切り、ほか
　　の材料を合わせてなじませる。
2　サワラは頭とアラと内蔵をはずして50℃の湯で洗
　　い、三枚におろす。骨を除き、皮をつけたまま切
　　り身にする。1の味噌床にガーゼを敷いて3日間漬
　　け込む。
3　マンゴーはフードプロセッサーにかけてピュレ状
　　にする。同量の西京味噌と合わせて火にかけ、卵
　　黄を加えて弱火で練り上げる。軽い感じに仕上げ
　　る。
4　2の味噌をぬぐい、サワラを炭火で焼く。ほぼ火
　　が入ったら上にくる面に3を塗り、焼き目がつくよ
　　うにサラマンダーで焼いて皿に盛る。マンゴーの
　　ゴマ和え(解説省略)を添える。

鯖の燻製　里芋の裏漉し
七味(namida)

サバの干物に里芋の煮っ転がし…
郷愁を誘う味を再構築。
燻製にしたサバに合わせるサトイモのピュレは
だしが効いて、もったりとクリーミー。

　　サバ
　　　塩、グラニュー糖、スモークチップ(桜)
　　サトイモ
　　　だし:8
　　　みりん:1
　　　淡口醤油:1
　　七味唐辛子

1　サバは三枚におろし、皮をつけたままさくどりす
　　る。塩とグラニュー糖をふって脱水させ、洗って
　　水けをふきとる。
2　燻製器にスモークチップを入れ、網に1をのせて、
　　中火で煙が出るまで待つ。煙が出てきたら弱火に
　　して燻製する。チップが燃え尽きたら火を止め、
　　しばらくやすませてからサバを取り出す。
3　サトイモは皮をむき、水から落し蓋をして下ゆで
　　し、ぬめりを洗い流す。だしと調味料で含め煮に
　　し、煮汁とともにフードプロセッサーかけてピュレ
　　にする。必要があれば裏漉しする。
4　3を鍋で温めて器に流し、250℃のオーブンで7分
　　間ほど焼いた2を盛り付ける。七味唐辛子をふる。

黒鯥青朴葉焼き
こごみ 胡桃(namida)

青朴葉が手に入る時季につくる、
香りを楽しむ包み焼き。
包むことで、やさしい火入れで魚がしっとりと焼き上がる。
朴葉の青い香りにはソービニヨンブランか
生酒を合わせたい。

　　黒ムツ
　　幽庵地
　　　淡口醤油：1
　　　酒：2
　　　みりん：2
　　　菜種油　少量
　　コゴミ
　　クルミ
　　青朴葉

1　黒ムツは頭と内蔵を外して50℃の湯で洗い、三枚
　　におろす。皮をつけたまま切り身にし、骨をすべ
　　て取り除く。皮目に切れ目を入れる。

2　幽庵地に菜種油を加えた地に1を3時間以上浸け
　　る。

3　コゴミは掃除をし、さっと湯がいて冷ましておく。
　　クルミはオーブンでローストする。

4　青朴葉を広げて中心に2をおき、3のコゴミとクル
　　ミをのせてぐるりと包む。250℃のオーブンで8分
　　間ほど焼き、前後を入れ替え、もう2分ほど焼く。

5　4をそのまま器にのせて提供する。客席で朴葉包
　　みを開いて、香りを楽しんでもらう。

岩魚 厚揚げ
タラの芽の杉板焼き(namida)

薄い杉板で包んだイワナの焼き物。
蒸し焼きで素材にやわらかく火を入れつつ、
杉の香りも楽しめる。
杉を焼くのは、店主が
スギ花粉症だからというトーク付き。

　　イワナ
　　幽庵地
　　　淡口醤油：1
　　　酒：2
　　　みりん：2
　　厚揚げ
　　タラの芽
　　　菜種油
　　杉板、イグサ（紐）

1　イワナはウロコを落とし、頭と内蔵を取る。50℃
　　の湯で洗って冷水で締めて、三枚におろす。腹骨
　　など小骨を取り除き、幽庵地にひと晩浸ける。

2　タラの芽は菜種油でよく焼き、厚揚げはさっと表
　　面を焼いておく。

3　杉板とイグサは湯に浸けてやわらかくしておく。

4　1と2を、3の杉板で包んで、イグサで縛る。

5　250℃のオーブンに入れ、前後を入れ替えながら
　　10分間ほど焼く。

6　5をそのまま器にのせて提供する。客席で杉板を
　　開いて、香りを楽しんでもらう。

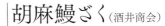
胡麻鰻ざく（酒井商会）

鰻の梅風味甘酢餡
酢豚風（の弥七）

鰻と夏野菜の和え物
土佐酢風味（の弥七）

鰻 西京漬け
無花果オイル（namida）

鰻くりから焼き
鰻のタレ焼き
おにぎり添え（namida）

（料理解説→p143）

胡麻鰻ざく（酒井商会）

鰻ざくが隠れるほどにふりかけた煎りゴマは
少量の水とともにごく弱火で火を入れたもの。
煎ると煮るの中間くらいの、やわらかい香ばしさが特徴。

    ウナギ（活）
    かば焼きのたれ
        みりん（煮切り）　3合
        濃口醤油　3合
        三温糖　適量
    白ウリ
        塩、土佐酢（p.91）
    白ゴマ

1　煎りゴマをつくる。白ゴマと水を火にかけ、ごく
　　弱火で煮出すようにじっくりと火を入れる。途中、
　　霧吹きで水分を足しながらゴマがねっとりしてく
　　るまで煎る。通常の煎りゴマとは違って、ゴマの
　　ふっくらとした香ばしさ、うまみが引き出される。

2　ウナギのかば焼きをつくる。ウナギは背開きにし
　　て串を打ち、素焼き、蒸しの工程を経て、かば焼
　　きのたれをかけながら、皮目がパリッとするように
　　焼き上げる。焼き上がったら串を外し、食べやす
　　い大きさに切る。

3　白ウリは皮をむいて縦に切り、種を除いて薄切り
　　にする。塩もみして水けを絞り、土佐酢に漬ける。

4　皿に3と2を盛り付け、少量の土佐酢を流す。上
　　から1のゴマをたっぷりとかける。

鰻の梅風味甘酢餡　酢豚風（の弥七）

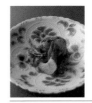

梅を効かせたウナギの酢豚風。
ウナギは骨がスッと抜けるまで
やわらかく蒸して下味をつける。

    ウナギ（活）
    下地スープ
        鶏のだし（p.95）
        濃口醤油
        みりん
        長ネギ（ぶつ切り）
        ショウガ（薄切り）
    片栗粉、揚げ油
    万願寺唐辛子
    赤ピーマン
    梅風味の甘酢あん
        鶏のだし（p.95）　100ml
        梅干し（種をとる）　1個
        塩　小さじ1/4
        砂糖　大さじ1
        酢　大さじ1
    片栗粉（水溶き）　適量
    ハスイモ

1　活けのウナギは4〜5cm長さのぶつ切りにして、
　　170℃のオーブンで両面を7分間ずつ焼き、表面
　　に焼き色をつける。

2　下地のスープを用意する。深めのバットにスープ
　　の材料を合わせ、1のウナギを入れてぴっちりと
　　ラップをかけて蒸気の上がった蒸し器で30分間蒸
　　す。そのまま冷まして味をふくませる。骨がスッと
　　抜けるので取り除いておく。

3　2の水けをふきとり、片栗粉をまぶして180℃に熱
　　した油で揚げる。万願寺唐辛子と赤ピーマンも食
　　べやすく切って素揚げする。

4　甘酢あんをつくる。中華鍋に鶏のだしを沸かし、
　　梅干し、塩、砂糖、酢を順に加えて味をととのえ
　　る。3のウナギと野菜を合わせ、水溶き片栗粉で
　　とろみをつける。

5　器に盛り、薄切りのハスイモを飾る。

鰻と夏野菜の和え物
土佐酢風味（の弥七）

鰻ざくに夏野菜を合わせたサラダ仕立て。
野菜には土佐酢をかけるだけで、
味を入れすぎないのがポイント。

　　ウナギ（活）
　　　　かば焼きのたれ
　　ホワイトアスパラガス
　　　　塩
　　トマト
　　キュウリ
　　土佐酢（p.79）
　　エシャロット（素揚げ）、ミョウガ（薄切り）、
　　四万十海苔

1　ウナギは背開きにして適宜に切る。串を打ち、焼
　　き台にのせて、途中でかば焼きのたれ（解説省略）
　　をかけながら皮目がパリッとなるように焼く。

2　ホワイトアスパラガスは塩を入れた湯でゆで、食
　　べやすく切る。トマトは湯むきしてくし切りに。キ
　　ュウリは板ずりして蛇腹に切る。

3　器に2と1を盛り付け、土佐酢を回しかける。素
　　揚げしたエシャロット、薄切りにしたミョウガをの
　　せ、四万十海苔を天に盛る。

鰻　西京漬け
無花果オイル（namida）

西京味噌に漬け込んだウナギをじっくり焼き上げた。
白焼きに白ワインを、かば焼きに赤を合わせるなら、
オレンジワインがぴたりとハマる一皿。

　　ウナギ（開いたもの）
　　西京味噌床
　　　　西京味噌　1kg（250g）
　　　　酒　90ml（25ml）
　　　　みりん　90ml（25ml）
　　　　砂糖　100g（25g）
　　ソバの実
　　　　菜種油、長ネギ（きざむ）、だし、塩
　　ミョウガ、木の芽
　　無花果オイル

○無花果オイル

無農薬のイチジクの葉とE.V.オリーブ油をミキ
サーにかけ、ひと晩おいて油に葉の香りを移し
たらサラシで漉す。絞らずに自重で滴り落ちる
のを待つ。イチジクの実でなく、葉のほうが鮮
烈な香りが出る。

1　西京味噌床をつくる。酒とみりんを煮切り、ほか
　　の材料を合わせてなじませる。

2　ウナギは50℃の湯で洗い、スプーンで皮目のぬめ
　　りをこそげとって10cmほどに切る。水けをふきと
　　り、1に3日間漬け込む。

3　ソバの実と長ネギを綿実油で炒める。だしを注ぎ
　　入れ、塩を加えて味をみながら、芯が残る程度に
　　炊いておく。提供時にだしを加えて温め、ちょう
　　どよいかたさに仕上げる。

4　2の味噌をふきとり、ウナギを炭火で焼いて軽く焼
　　き目をつけたら、250℃のオーブンで火を入れる。

5　器に3を盛り付け、4をのせる。せん切りにしたミ
　　ョウガと木の芽を天に盛る。香りづけに無花果オ
　　イルを少量たらす。

稚鮎と新じゃがの山椒春巻き（酒井商会）

稚鮎南蛮漬け 和風 ラタトゥイユ（まめたん）

稚鮎のフリット 蓼酢オリーブソース
（オ山ノ活惣レ）

稚鮎 蓼酢漬け
（namida）

稚鮎の唐辛子煎
山椒の香り
（の弥七）

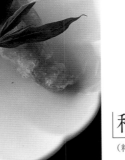

稚鮎と鮎（namida）

（料理解説→p167）

稚鮎と新じゃがの山椒春巻き(酒井商会)

稚アユのほのかな苦みに、なめらかな新ジャガと
山椒のさわやかな香りを合わせた。
見た目のインパクトも楽しい一皿。

　　　稚アユ
　　　　濃口醤油、みりん
　　　新ジャガイモ
　　　　（とうやがおすすめ。メークインでも可）
　　　有馬山椒(実)
　　　木の芽
　　　春巻の皮
　　　　片栗粉(水溶き)、揚げ油

1　稚アユは軽く掃除し、濃口とみりんを合わせた地
　　にくぐらせて水けをふきとっておく。
2　新ジャガイモは皮をむいて細切りにする。
3　春巻の皮は半分に切って長方形にする。短辺の端
　　に1と2をのせ、実山椒を散らして巻きはじめて、
　　途中で木の芽が外から見えるように巻き込む。巻
　　き終わりは水溶き片栗粉で糊付けする。
4　熱した油で3を揚げ、器に盛る。

稚鮎南蛮漬け
和風ラタトゥイユ(まめたん)

南蛮地は酢を加えず、フルーツトマトの酸味を使う。
だしと稚アユ、夏野菜が調和したやさしい味わい。

　　　稚アユ
　　　　塩、片栗粉、揚げ油
　　　ナス
　　　ズッキーニ
　　　ミニオクラ
　　　スナップエンドウ
　　　フルーツトマト
　　　浸け地
　　　　だし：6、白醤油のたれ(p.95)：1

1　浸け地の材料を合わせて沸かす。
2　ナスは食べやすく切って素揚げし、ズッキーニは
　　輪切りにして焼いて焼き目をつける。ミニオクラ
　　とスナップエンドウは軽くゆで、フルーツトマトは
　　湯むきする。すべて熱いうちに1に浸けて、野菜と
　　地をなじませる。
3　稚アユは掃除して軽く塩をふり、片栗粉をまぶし
　　て、180℃に熱した油で揚げる。すぐ1に浸ける。
4　2と3を彩りよく器に盛り付ける。

稚鮎のフリット
蓼酢オリーブソース(オ山ノ活惣レ)

定番の組み合わせをアレンジ。
稚アユは厚めの衣で天ぷらにし、
蓼酢はオリーブ油でのばした。

　　　稚アユ(活)
　　　　天ぷら衣、揚げ油
　　　蓼酢オリーブソース
　　　　蓼酢：2
　　　　　蓼の葉
　　　　　塩
　　　　　重湯
　　　　　純米酢
　　　　E.V.オリーブ油：1
　　　サニーレタス、白煎りゴマ

1　稚アユは天ぷら衣（解説省略）にくぐらせて、180
　　℃に熱した油で揚げる。
2　蓼酢オリーブソースをつくる。蓼の葉に少量の塩
　　を加えてすり鉢ですり、酢でのばして重湯（おも
　　ゆ）でとろみをつける。この蓼酢：2とオリーブ油：

1の割で合わせてソースとする。

3　皿にサニーレタスを敷いて1を盛り、2を流す。白ゴマをふる。

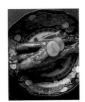

稚鮎　蓼酢漬け（namida）

稚アユを唐揚げにして蓼酢オイルに浸ける。
蓼の香りを効かせた南蛮漬けのイメージ。

稚アユ
　塩、白コショウ（挽）
　強力粉、揚げ油
蓼酢オイル
ラディッシュ（薄切り）

○蓼酢オイル
　蓼の葉　25g
　ホワイトバルサミコ酢：2
　淡口醤油：1
　みりん：1
　E.V.オリーブ油：3
蓼の葉をミキサーで回し、ほかの材料を少しずつ加えてペースト状にする（このまま蓼酢として使える）。オリーブ油をたらしながら加えて仕上げる。

1　稚アユは軽く水洗いして水けをきり、しっかりと水けをふきとって塩と白コショウをふる。全体に強力粉をまぶして180℃に熱した油で揚げる。

2　1が熱いうちに蓼酢オイルに浸けて、空気に触れないように落としラップをしてそのまま冷ます。冷蔵庫でよく冷やす。

3　皿に2を盛り付け、薄切りのラディッシュを飾る。

稚鮎の唐辛子煎
蓼と山椒の香り（の弥七）

稚アユをトウモロコシ粉の衣でからりと揚げ、
唐辛子と山椒の刺激に、蓼の香りをまとわせた。
見た目ほど辛くはなく、香りと食感を楽しむ一皿。

稚アユ（活）
　薄力粉
　コーンスターチ、強力粉、水
　揚げ油
赤唐辛子
花椒
長ネギ（みじん切り）
蓼の葉
山椒塩

1　活けの稚アユは薄力粉をまぶし、コーンスターチと強力粉を水で溶いた衣をつける。揚げ油を180℃に熱し、ごく弱火で7分間ほどゆっくりと火を入れる。最後は強火にしてからりと揚げきる。

2　油をふき取り、きれいにした中華鍋にホールの唐辛子と花椒を入れ、弱火で乾煎りする。唐辛子が膨らんできたら、みじん切りの長ネギと蓼の葉を加えて、さらに火を通す。香りが立ってきたら1を入れ、山椒塩をふり入れて味をつける。

3　2を器に盛り、香りがとばないうちに、できるだけ早く提供する。

春巻 蟹と白子（まめたん）

梭子魚 大葉
シャインマスカットの
天麩羅（namida）

鱧のアスパラ巻き
天ぷら（オ山ノ活惣レ）

雲丹クリーム春巻
（創和堂）

春巻 蟹と白子（まめたん）

カニクリームコロッケをイメージして、
ベシャメルの代わりにフグ白子を巻いた。
水けのある素材を包むときは、大葉を敷くと破れにくい。

    ワタリガニ
    ショウサイフグ（夏フグ）の白子
    大葉
    新ショウガ（せん切り）
    春巻の皮
      塩、片栗粉（水溶き）、揚げ油
    スダチ、塩

1 ワタリガニは蒸して、殻を外して身をほぐす。カ
  ニみそと内子（あれば）は別にとりおく。
2 フグの白子は掃除する。
3 春巻の皮を広げ、大葉を全面に敷く。中心に1のカ
  ニ身、カニみそ、内子と2の白子をおき、新ショウ
  ガをのせて巻いていく。巻き終わりは水溶き片栗粉
  で糊付けする。170℃に熱した油で色よく揚げる。
4 3を食べやすく切って器に盛る。スダチと塩です
  すめる。

梭子魚 大葉
シャインマスカットの天麩羅（namida）

やわらかい白身魚で白ブドウを巻いて天ぷらに。
白ブドウは野菜と同じように魚介と合わせやすく、
シャインマスカットの果汁は温めるとうまみが増す。

    カマス
      塩
    大葉
    シャインマスカット（種なし）
      薄力粉、天ぷら衣、揚げ油

1 カマスは頭と内臓をとって50℃の湯で洗い、三枚
  におろして骨を除く。軽く塩をふって脱水させ、
  水けをふきとり、約10cm程度の長さに切る。
2 1の皮目を下にしておき、大葉を敷いてシャインマ
  スカットを芯にしてぐるりとベルトのように巻き、
  爪楊枝で止める。
3 2に薄力粉を薄くまぶし、天ぷら衣（解説省略）にく
  ぐらせて、180℃に熱した油で揚げる。
4 3の爪楊枝を抜いて火が入っていることを確認し、
  半分に切り、切り口を見せるように皿に盛る。

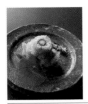

鱧のアスパラ巻き天ぷら（オ山ノ活惣レ）

ハモでアスパラを巻き、天ぷらに。
梅肉ではなく、同じ梅風味のゆかり塩を添えた。

　　ハモ（活）
　　アスパラガス
　　　薄力粉、天ぷら衣、揚げ油
　　ゆかり、塩、ナスタチウム

1　ハモは腹開きにしておろし、骨切りする。皮目に
　　熱湯をかけてぬめりをとり、水けをふきとる。

2　アスパラガスは端のかたい部分のみ切り落として、
　　はかまをとる。

3　2のアスパラの長さに合わせてハモを切り、皮目
　　を上にしてアスパラをのせ、薄力粉をふってアス
　　パラを芯にハモを巻く。綴じ目がはがれないよう
　　に注意しながら、天ぷら衣（解説省略）にくぐらせ、
　　180℃に熱した油で中心までしっかりと火が入るよ
　　うに揚げる。

4　3を食べやすい大きさに切り、断面を見せるように
　　皿に盛り付ける。ゆかりと塩を混ぜたものを添え、
　　季節の青みをあしらう。

雲丹クリーム春巻（創和堂）

ウニとベシャメルの濃厚なうまみに、
厚めに切ったタマネギの食感がアクセント。
ウニは酒にくぐらせるとうまみが増す。

　　生ウニ
　　　酒
　　ベシャメルソース
　　　バター、薄力粉、牛乳、塩、コショウ
　　新タマネギ（厚めに切る）
　　塩昆布
　　春巻の皮
　　　片栗粉（水溶き）、揚げ油

1　生ウニは酒にさっとくぐらせてキッチンペーパー
　　にのせて水けをきる。

2　ベシャメルソースをつくる。バターで薄力粉を炒
　　め、ダマにならないよう牛乳を少量ずつ加えての
　　ばし、塩コショウで味をととのえる。冷ましておく。

3　春巻の皮を広げ、タマネギ、塩昆布、2のベシャ
　　メル、1のウニを順にのせて、きっちりと巻き込ん
　　で包み、端を水溶き片栗粉で糊付けする。熱した
　　油でじっくりと揚げる。

4　食べやすく切り、皿に盛る。

鰭の油淋魚
ハーブ風味（の弥七）

鮪の山椒タルタル
ソース添え（の弥七）

カニクリームコロッケ
蟹味噌ソース
（才山ノ活惣レ）

真魚鰹味噌漬けの
唐揚げ（創和堂）

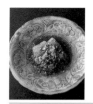

鰭の油淋魚 ハーブ風味(の弥七)

たっぷりの香味野菜を味わう一皿。
野菜はつぶさないように細かくきざむのがポイント。
味が決まりやすい油淋ソースはどんな魚にも合う。

　　ハタ
　　　塩、片栗粉、揚げ油
　　香味野菜(すべてみじん切り)
　　　長ネギ
　　　ショウガ
　　　赤唐辛子
　　　ディル
　　　チャービル
　　　レモンバーム
　　油淋ソース
　　　濃口醤油　100ml
　　　千鳥酢　100ml
　　　砂糖　80g
　　　焙煎ゴマ油　2〜3滴
　　　大葉(漬け込む)　10枚

1　ハタはおろして食べやすい大きさに切り、軽く塩
　をふって脱水させる。水けをふきとり、片栗粉を
　まぶして180℃に熱した油で揚げる。
2　香味野菜の材料をすべてみじん切りにする。でき
　るだけ細かくきざむことでソースと一体化して食
　べやすくなる。
3　油淋ソースの材料を合わせ、1日おいて味をなじ
　ませる。提供直前に2と合わせる。
4　器に1を盛り、3のソースを薬味ごとたっぷりとか
　ける。

鮪の山椒タルタルソース添え(の弥七)

マグロの脂ののった部分をカツ仕立てに。
漬け物や山椒を加えた和風タルタルソースを添える。

　　マグロの腹身(脂がのっている部位)
　　　濃口醤油、薄力粉、卵、パン粉、揚げ油
　　山椒タルタルソース
　　　実山椒(生)
　　　ダイコン(みじん切り)
　　　ニンジン(みじん切り)
　　　キュウリ(みじん切り)
　　　自家製キュウリの漬け物(p.32参照。発酵が
　　　　すすんだもの。みじん切り)
　　　マヨネーズ
　　実山椒、木の芽

1　マグロの腹身は適宜に切り、さっと濃口にくぐら
　せて下味をつける。水けをふきとり、薄力粉、卵、
　パン粉をまぶして180℃に熱した油で揚げる。中
　心はレアに仕上げる。
2　山椒タルタルソースをつくる。実山椒をすり鉢で
　粗く砕き、みじん切りの野菜と漬け物を合わせて
　ごく少量のマヨネーズでつなぐ。発酵がすすんだ
　漬け物の酸味と実山椒の香りを立たせるようにし
　て、調味は控えめにする。
3　皿に1を盛り付け、2を添える。砕いた実山椒を散
　らし、木の芽をあしらう。

カニクリームコロッケ
蟹味噌ソース(オ山ノ活惚レ)

ズワイガニの身をたっぷり詰めたクリームコロッケ。
カニみそソースとトマトソースですすめる。

ズワイガニ
　塩
ホワイトソース(仕込み量)
　薄力粉とバター　計345g
　牛乳　2リットル
　生クリーム　90ml
　豆乳　90ml
　塩、コショウ、ナツメグ　各適量
タマネギ(みじん切り)
マッシュルーム(白。みじん切り)
　薄力粉、卵、パン粉、揚げ油
カニみそソース、トマトソース

○カニみそソース
　ズワイガニのカニみそ　100g
　生クリーム　10ml
　新タマネギのソース(p.67)　少量
　塩　少量
鍋に材料を合わせて軽く火を入れ、塩で味をととのえる。

○トマトソース
　豚挽き肉　500g
　炒めタマネギ(みじん切り)　150g
　ホールトマト(缶)　200g
　無添加トマトケチャップ　200g
　塩　少量
　中濃ソース　大さじ3
鍋で豚挽き肉を炒め、炒めタマネギ、ホールトマトをつぶしながら加える。少し煮詰めた後、ケチャップ、塩、中濃ソースで味をととのえる。

1　ズワイガニは塩水でゆでて、身を取り出してほぐす。カニみそはソースにするので別にとりおく。

2　ホワイトソースをつくる。薄力粉をバターで炒め、火が入ってさらりとしてきたら、牛乳を少しずつ加えてなめらかにのばす。ある程度ゆるくなったら、生クリームと豆乳を入れて仕上げる。豆乳を加えることで味の強さがやわらぎ、和食に寄せやすくなる。塩、コショウ、ナツメグで調味する。

3　コロッケを仕上げる。軽く炒めたタマネギとマッシュルーム、1のカニ、2のホワイトソースを合わせて、塩、コショウ、ナツメグで味をととのえる。冷やして1個あたり約50gの丸型に成形し、薄力粉、溶き卵、パン粉をつけて、揚げ油で色よく揚げる。

4　3を皿に盛り、カニみそソースとトマトソースを流す。

真魚鰹味噌漬けの唐揚げ(創和堂)

白味噌の椀物をイメージして、
マナガツオに白味噌とカブのソースを合わせた。

　マナガツオ
　　塩
　　味噌床
　　白味噌(粒)　1kg
　　酒粕　1kg
　　みりん(煮切り)　700ml
　　信州味噌　500g
　強力粉、揚げ油
　白味噌のソース
　　白味噌(漉し)、だし、カブ(おろす)、淡口醤油、塩
　青ネギ

1　マナガツオは三枚におろし、皮をつけたままひと口大の切り身にする。軽く塩をふり、なじんだら酒で湿らせたキッチンペーパーで塩をふきとる。

2　味噌床の材料をよく混ぜ合わせ、ガーゼを敷いて1のマナガツオを2日間ほど漬ける。

3　白味噌のソースをつくる。裏漉しタイプの白味噌を同量のだしでのばし、すりおろしたカブを合わせる。火にかけて淡口と塩で味をととのえる。

4　2のマナガツオは味噌をふきとり、粉をまぶして熱した油で揚げる。

5　皿に3のソースを流し、4を盛り付け、きざんだ青ネギを散らす。

ふぐ白子のチーズリゾット
（才山ノ活惣レ）

車海老カツサンド
（才山ノ活惣レ）

卵々卵丼
（オ山ノ活惣レ）

蛤うどん
（まめたん）

ふぐ白子のチーズリゾット（オ山ノ活惣レ）

活惣れ名物のふぐ白子のチーズリゾット。
食事として楽しむもよし、ワインのアテにもよし。
かつおだしと豆乳を加えて、軽さを出した。

　　　　トラフグの白子
　　　　　塩
　　　　フグ白子のリゾット
　　　　　牛乳　120ml
　　　　　生クリーム　20ml
　　　　　かつおだし　90ml
　　　　　豆乳　10ml
　　　　　米　20g
　　　　　パルメザンチーズ、
　　　　　フグ白子（裏漉し）、塩、　各適量
　　　　卵黄
　　　　パルメザンチーズ
　　　　黒コショウ（挽）

1　トラフグの白子は、軽くボイルして適宜に切る。
　　形のよいものは軽く塩をふって焼き台で香ばしく
　　焼き目をつけて焼く。半端になった部分は裏漉し
　　する。

2　リゾットをつくる。鍋に牛乳、生クリーム、だし、
　　豆乳を入れ、米を加えて弱火で15〜20分間炊く。
　　米に軽く芯が残るくらいで、パルメザンチーズ、1
　　の裏漉した白子を加え、塩で味をととのえる。

3　平皿に2のリゾットを盛り付け、中心を開けて1の
　　焼いた白子をのせ、中央に卵黄を落とす。パルメ
　　ザンチーズをふり、黒コショウを挽きかける。

車海老カツサンド（オ山ノ活惣レ）

20cm超の車エビを使った贅沢な海老カツサンド。
甘めのとんかつソースでどこか懐かしい味わいに。

　　　　車エビ
　　　　　塩、コショウ、薄力粉、卵、パン粉、揚げ油
　　　　食パン
　　　　　バター、マヨネーズ
　　　　サニーレタス
　　　　アーリーレッド
　　　　タルタルソース（つくりやすい量）
　　　　　タマネギ（みじん切り）　30g
　　　　　ピクルス（みじん切り）　10g
　　　　　ゆで卵（みじん切り）　1個分
　　　　　ケイパー（みじん切り）　5g
　　　　　マヨネーズ　50g
　　　　　すりゴマ、乾燥パセリ、塩、コショウ、レモン
　　　　　　汁　各適量
　　　　とんかつソース（ヘルメス）

1　車エビは頭を落として殻をむき、曲がらないよう
　　腹側に切り目を入れて押し広げる。水けをふきと
　　り、薄力粉、溶き卵、パン粉をつけて熱した油で
　　揚げる。

2　タルタルソースをつくる。みじん切りにしたタマ
　　ネギ、ピクルス、ゆで卵、ケイパーに、マヨネー
　　ズを加えてよく混ぜる。塩、コショウ、ゴマ、パ
　　セリ、レモン汁で味をととのえる。

3　食パンの両面を焼き、バターとマヨネーズを塗り、
　　適宜に切ったサニーレタスとアーリーレッドを敷
　　く。2を塗り、1をのせて、ヘルメスソースをかける。
　　パンではさむ。

4　食べやすくカットし、断面を見せるように盛り付
　　ける。

卵々卵丼（オ山ノ活惣レ）

まさに卵づくしの〆の一品。
いくらの塩味があるので、酢飯ではなく、白ご飯が合う。

　　自家製いくら醤油漬け（p.140参照）
　　卵黄
　　キャビア
　　ご飯、五色ゴマ

1　茶碗にご飯を盛り、自家製のいくら醤油漬けを一
　　面にのせる。中央に卵黄を、その上にキャビアを
　　盛りつけ、彩りに五色ゴマをふる。

蛤うどん（まめたん）

ハマグリから濃いだしを引き、冷製うどんに。
青海苔は貝の香りを引き立てる。

　　ハマグリ　1kg
　　　だし
　　　塩、葛粉
　　稲庭うどん
　　青海苔（粉）

1　ハマグリを鍋に入れ、かぶるくらいのだしを注い
　　で火にかける。口が開いたら火からおろす。貝を
　　取り出して、殻を外し、はずした身はとり分けた
　　だしに浸けておく。

2　残りの1のだしに塩を加えて味をととのえ、葛粉で
　　とろみをつけて冷やす。

3　稲庭うどんをゆでて冷水で締める。

4　3を器に盛り、2のだしをかけて、食べやすく切っ
　　た1の身をのせる。青海苔をふる。

（p153より）

稚鮎と鮎（namida）

アユの手毬寿司はシャリにアユの肝を混ぜ込み、
酢締めの身をのせて香ばしくあぶる。
稚アユの天ぷらと蓼、キュウリ酢の泡を添えて。

　　鮎の手毬寿司（18個分）
　　アユ　大3尾
　　　塩、酢
　　ご飯　450g
　　　すし酢（p.63）　適量
　　白煎りゴマ
　　稚アユの天ぷら
　　胡瓜酢の泡
　　　キュウリ　1本
　　　梅酢（甘口）　適量
　　　卵白（市販の乾燥卵白や大豆レシチンの粉末でも可）
　　蓼の葉

1　アユはウロコを除いてよく洗い、頭を落として腹
　　を開いて50℃の湯で洗って冷水で締める。内臓は
　　小鍋に集めておく。

2　1の身は三枚に開き軽く塩をふり、10分ほどおい
　　て脱水させたら酢で洗い、15分間ほど酢締めにす
　　る。酢をふきとり、腹骨と小骨を取り除く。皮目
　　に切り目を入れ、半身から3切れを切り出す（計18
　　切れとれる）。

3　1でとりおいたアユの内臓を鍋で焼き、少量のすし
　　酢を合わせてたれをつくる。

4　炊きたてのご飯に3を混ぜ、足りない分のすし酢
　　を加えて酢飯をつくり、冷ましておく。

5　ラップを広げ、2の皮目を下にしておき、白ゴマを
　　ふり、4をのせてラップで丸く包んで手毬寿司にす
　　る。これを70℃の蒸し器で15分間蒸す。

6　キュウリを縦半分に切って種を取り除き、すりお
　　ろしてサラシで絞って汁をとる。梅酢（甘口）を加
　　えて味をととのえる。卵白と混ぜてよく泡立て、こ
　　の泡だけを使う。

7　稚アユは天ぷら（解説省略）にして軽く塩をふる。

8　5の手毬寿司はバーナーであぶって皿に盛り、7の
　　天ぷらを添える。6の泡と、蓼の葉を添える。

各店の掲載メニュー (掲載順)

素材別索引

魚

和食店の鮮魚つまみ
刺身の工夫と魚介料理のアイデア 150

初版発行　　　2022 年 10 月 10 日
3 版発行　　　2024 年 11 月 20 日

編者©　　　　柴田書店
発行者　　　　丸山兼一
発行所　　　　株式会社柴田書店
　　　　　　　〒 113-8477　東京都文京区湯島 3-26-9　イヤサカビル
書籍編集部　　03-5816-8260
営業部　　　　03-5816-8282（注文・問合せ）
ホームページ　https://www.shibatashoten.co.jp
印刷・製本　　公和印刷株式会社
ISBN　978-4-388-06356-7